„Jugendgewalt“ – Gedanken zu einer sozialen Konstruktion

Eine Studie über den gesellschaftlichen und wissenschaftlichen Diskurs zu „jugendlichen Gewalttätern“

Kristina Van Bommel

Kristina Van Bommel

„JUGENDGEWALT" – GEDANKEN ZU EINER SOZIALEN KONSTRUKTION

Eine Studie über den gesellschaftlichen und wissenschaftlichen Diskurs zu „jugendlichen Gewalttätern"

ibidem-Verlag
Stuttgart

Bibliografische Information der Deutschen Nationalbibliothek
Die Deutsche Nationalbibliothek verzeichnet diese Publikation in der Deutschen Nationalbibliografie; detaillierte bibliografische Daten sind im Internet über http://dnb.d-nb.de abrufbar.

Bibliographic information published by the Deutsche Nationalbibliothek
Die Deutsche Nationalbibliothek lists this publication in the Deutsche Nationalbibliografie; detailed bibliographic data are available in the Internet at http://dnb.d-nb.de.

Coverabbildung: © M.E. / PIXELIO

∞

Gedruckt auf alterungsbeständigem, säurefreien Papier
Printed on acid-free paper

ISBN-13: 978-3-8382-0421-5

Printed in Germany

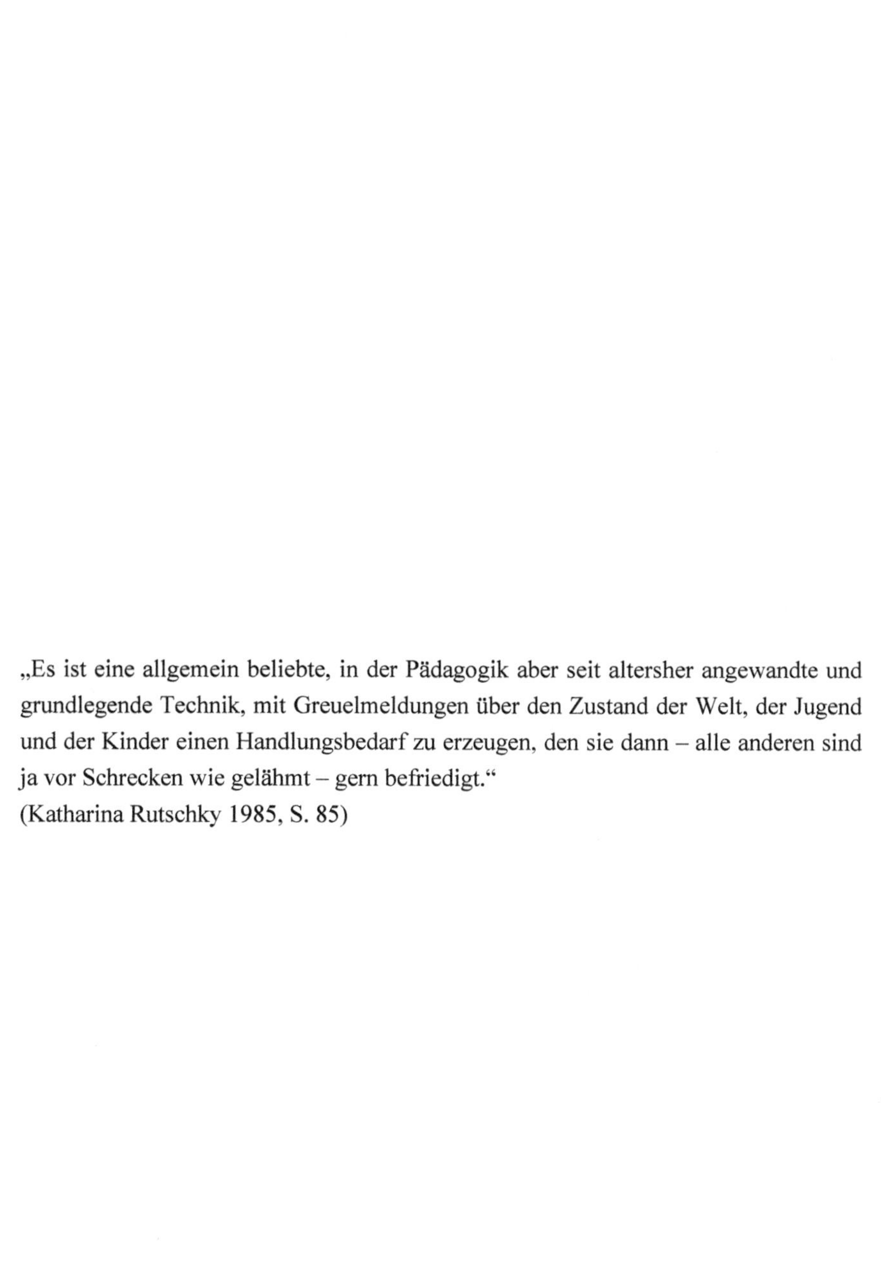

„Es ist eine allgemein beliebte, in der Pädagogik aber seit altersher angewandte und grundlegende Technik, mit Greuelmeldungen über den Zustand der Welt, der Jugend und der Kinder einen Handlungsbedarf zu erzeugen, den sie dann – alle anderen sind ja vor Schrecken wie gelähmt – gern befriedigt."
(Katharina Rutschky 1985, S. 85)

Inhalt

Einleitung

Als zuletzt 2008 von Seiten konservativer Parteien, mit Roland Koch als Hauptfigur, im Zuge einer öffentlichen Skandalisierung angeblich steigender „Jugendgewalt" eine Verschärfung des Jugendstrafrechts gefordert wurde und man die Idee, die „harten Fälle" in Boot-Camps und Boxlager, wenn nötig auch ins Ausland, zu schicken propagierte, wurde Fachkräften und Wissenschaftler/innen aus dem Bereich der Sozialpädagogik und sozialen Arbeit deutlich eine Schattenseite des etablierten Defizitblicks auf die „gefährliche und gefährdete Jugend" vor Augen geführt. Irritation über die politische und mediale Verarbeitung des Themas „Jugendgewalt" spiegelt sich auch in wissenschaftlichen Veröffentlichungen wider. Doch welche Konsequenz wird daraus gezogen oder besser: wird eine Konsequenz daraus gezogen?
Beim Studieren von Texten über Jugendgewalt war ich immer wieder erstaunt darüber, dass sogar Wissenschaftler/innen, die sich offensichtlich in die Position von Fürsprecher/innen begeben wollen oder besorgt erscheinen angesichts zu negativer Darstellungen von Jugendlichen, dennoch selbst über „jugendliche Gewalttäter" schreiben oder „Amokläufe" als Ausgangspunkt für ihre Beschäftigung mit „Jugendgewalt" als Gegenstand verwenden. Dies erscheint vor allem widersprüchlich, wenn gleichzeitig angekündigt wird, dass Ausschließung, mangelhafte Teilhabemöglichkeiten und Stigmatisierungen Jugendlicher vermieden werden sollen. In der vorliegenden Studie versuche ich nach möglichen Folgen der wissenschaftlichen Nutzung des Jugendgewaltbegriffes zu fragen.
Im analytischen Teil der vorliegenden Studie wird erkennbar, wie verdachtsgeleitet und diskreditierend schon manche Vorannahmen über Jugendliche sind – insbesondere wenn sie „arm" oder „Migrant/innen" sind, einen Hauptschulabschluss haben, in irgendeiner Form „falsch" erzogen oder beeinflusst wurden etc. Dies zeigt sich schon darin, dass manchmal kaum von Jugendlichen als Individuen, Menschen, Akteur/innen die Rede ist. Sie werden sprachlich regelrecht verschlungen vom „Phänomen" oder „Problem" der „Jugendgewalt". Junge Menschen als kompetente Akteure mit individuellen oder gruppenspezifischen Gründen für ihr Handeln sowie Bedeutung und Funktion, die „Gewalt" für sie hat, finden kaum Platz in den vorherrschenden Darstellungsweisen. Viele wissenschaftliche Sichtweisen erscheinen diagnos-

tisch, analytisch und moralisch überlegen. Sie (hinter-)fragen wenig, sondern „wissen“ schon Bescheid – und das mit bestimmten Intentionen.
In meinen Grundannahmen stütze ich mich vor allem auf kritische Arbeiten von Johannes Stehr, Helga Cremer-Schäfer und Heinz Steinert u.a., die auf der Basis einer reflexiven Sozialwissenschaft den gesellschaftlichen Umgang mit Jugendgewalt und Gewalt-Symbolik allgemein hinterfragen. Der Gegenstand der vorliegenden Studie ist nicht „Jugendgewalt“, sondern mehr die Arbeit, die getan wird, um durch die Koppelung der Begriffe „Jugend“ und „Gewalt“ ein Symbol zu etablieren, das mehr verbirgt als es verständlich macht. Wie Johannes Stehr deutlich macht, hat die Problematisierung von Jugendgewalt besonders im Bereich der Sozialen Arbeit ernsthafte Konsequenzen:

> „Die Problemkonstruktion ‚Jugendgewalt‘ kann kein Gegenstand der Praxis Sozialer Arbeit sein. Dies würde implizieren, dass sich die Soziale Arbeit als Problemnutzer nicht nur am gesellschaftlichen Ordnungsdiskurs beteiligt, sondern sie würde sich damit auch anbieten, die ideologischen Funktionen der Problemdefinition zu erfüllen. In der Übernahme der Vokabel von Heinz Steinert ließen sich die Jugendlichen, die zu Objekten von Disziplinierungsprogrammen gemacht bzw. die eingesperrt oder ausgewiesen werden, als ‚Menschenopfer‘ der Ideologieproduktion bezeichnen. Die Moralpanik über Jugendgewalt hat allerdings bereits reale Auswirkungen auf die betroffenen Jugendlichen, das Feld der Kriminalpolitik wie auch der Sozialpolitik und der Sozialen Arbeit hat sich bereits massiv verändert. Während in der Kriminalpolitik eine populistische Straf-Politik und Sicherheitsdenken die Suche nach und den Ausbau von Alternativen zur Strafe und zum Strafvollzug zunehmend behindern und einschränken, wird in der Sozialen Arbeit wieder offensiv die Kontrollfunktion angemahnt.“ (Stehr 2009, S. 121)

Eine Grundannahme ist also, dass „Jugendgewalt“ nicht per se vorhanden, sondern eine soziale Konstruktion ist, die sich etablieren konnte, weil sie sich für die Durchsetzung unterschiedlicher Interessen als nützlich erweist.
„Jugendgewalt“ zunächst zu hinterfragen und nicht anzunehmen, dass es sich dabei um ein „soziales Problem“ handelt, das eine unmittelbare und wachsende Bedrohung für die Allgemeinheit darstellt, bedeutet auch, dass in der vorliegenden Studie Ursachenerklärungen und Gegenmittel nicht diskutiert werden, um die vermeintlich plausibelsten und wirksamsten auszuloten, sondern um sie vor allem auf sprachliche Implikationen hin zu untersuchen. Dadurch soll der Versuch unternommen werden mögliche Folgen zu diskutieren, die in rhetorischen Mitteln und praktischen Lösungsvorschlägen einer Auswahl von „Expertenwissen“ zu „Jugendgewalt“ stecken.

Die Perspektive, mit der ich den gesellschaftlichen Umgang mit dem Thema „Jugendgewalt" betrachte, beruht auf der Idee der Reflexivität und interaktionistischen Theorien.[1] Leider erscheinen kritische Sichtweisen in der öffentlichen Moralpanik um Jugendgewalt wenig beachtet zu werden. Auch in aktuellen wissenschaftlichen Diskussionen über „Jugendgewalt" sind die konsequente Ablehnung von Gewaltetiketten und ein „genaues Hinsehen" selten. Das erscheint mir deshalb ein Verlust, weil reflexive Arbeiten Diskurse beobachten, Widersprüche aufzeigen, die Sicht von Akteur/innen, die zu Forschungsobjekten gemacht werden, einbeziehen und Etiketten wie „Jugendgewalt" hinterfragen, verkomplizieren und kontextualisieren, also „gründlich nachdenken", statt „Jugendgewalt" in eine nützliche verdichtete Form zu bringen.

Beim Hinterfragen des Etiketts der „Jugendgewalt" geht es mir nicht darum, Ereignisse zu „verharmlosen", bei denen Menschen verletzt oder getötet wurden – also jene, die mit Vorliebe in der Öffentlichkeit ausgebreitet werden –, sondern zu diskutieren, wozu und von wem das Etikett in Kontexten genutzt wird, in denen es gar nicht um die Bearbeitung von konkreten Situationen oder Konflikten geht, also vor allem in der Herstellung von „Wissen" über „Jugendgewalt".

In Kapitel 1 wird ein kleiner Einblick in die Jugendgewalt-Debatte gegeben. Hierzu werden jeweils Blicke in die Medien, den 11. Kinder- und Jugendbericht sowie in Fachzeitschriften und wissenschaftliche Texte geworfen. Dabei wird auf die Frage eingegangen, welche grundlegenden Kontroversen angedeutet werden, wenn der Begriff der „Jugendgewalt" apostrophiert wird.

In Kapitel 2 werden theoretische Grundgedanken dargelegt, die dem Einnehmen einer kritischen Perspektive dienen. Hierzu werden einige Aspekte der reflexiven Sozialwissenschaft nach Heinz Steinert referiert und hinsichtlich ihrer Bedeutung für den Umgang mit dem Thema „Jugendgewalt" diskutiert. In Anlehnung an Wolfgang Keckeisen werden das ätiologische Paradigma und das Kontrollparadigma gegenübergestellt. Daraufhin werden einige Gedanken zur Etikettierung abweichenden Verhaltens nach Heinz Steinert auf die Zuschreibung von Gewalt bezogen.

In Kapitel 3 werden Quellen zusammengetragen, die Rahmenbedingungen und Problematisierungsprozesse nachvollziehbar machen, die im Zusammenhang mit der

[1] Hierzu auch die Theorien von Erving Goffman, Howard S. Becker, Wolfgang Keckeisen, Heinz Steinert u. a.

Etablierung des Etiketts der „Jugendgewalt" stehen. Dadurch wird gleichzeitig ein Einblick in den kritischen Diskurs gegeben. Auch wird auf das Zusammenspiel von Medien und Wissenschaft als „primäre Definierer" von „Jugendgewalt" eingegangen.
Kapitel 4 befasst sich zum einen mit dem Konzept der Moralpanik und zum anderen mit Überlegungen zu sozialer Kontrolle von Stanley Cohen. Das Konzept der Moralpanik taucht schon in Kapitel 3 auf, da es von Kritiker/innen verwendet wird, um Jugendgewalt-Kampagnen zu beschreiben. In diesem Kapitel sollen auch organisierte Reaktionen, die durch Moralpaniken möglich gemacht werden, dargelegt werden. Cohens Überlegungen zu Formen und Veränderungen in Systemen sozialer Kontrolle bieten eine bestimmte Sichtweise vom sozialen Bereich und seinen Maßnahmen gegen „Jugendgewalt", wie z.B. „Gewaltprävention", als das „weiche Ende" von Systemen sozialer Kontrolle.
Kapitel 5 bildet den analytischen Teil der vorliegenden Studie. Es wird ein interdisziplinärer Sammelband aus der aktuellen wissenschaftlichen Diskussion über „Jugendgewalt" herausgegriffen und Passagen der Beiträge im Bezug auf Prämissen, sprachliche Mittel und Pläne für den Umgang mit „gewalttätigen Jugendlichen" untersucht.
Kapitel 6 führt einige Gedanken weiter, die im Rahmen der Analyse aufkommen. Aufgegriffen werden die Konstruktion von „Jugendgewalt" als „soziales Problem" und der viel gepriesene Handlungsvorschlag der Gewaltprävention.

1 Jugendgewalt oder „Jugendgewalt“?

In den Massenmedien findet das „Phänomen“ der „Jugendgewalt“ häufig in Form einer stetigen Berichterstattung zu bestimmten als besonders „brutal“ geschilderten „Fällen“ Verbreitung. Im „Fall des totgeprügelten Dominik Brunner“ liest sich das beispielsweise so: „Der Haupttäter habe wie von Sinnen auf den 50-jährigen Mann eingeprügelt, berichtete eine Zeugin. Ein Notruf-Mitschnitt dokumentiert die extreme Brutalität der beiden Jugendlichen.“[2] Allein auf der Webseite „Spiegel-Online“ finden sich unter der eigenen Rubrik „Der Fall Dominik Brunner“ insgesamt 49 Artikel, die detailreich über „Hintergründe“, wie darüber, dass der „17-Jährige“ „mutmaßliche Täter“ die Ausgangssperre des Wohnheims für drogenabhängige Jugendliche missachtet habe, berichten.[3] Ein Artikel mit dem Titel „Prügeln ohne Grenzen“ in der Kategorie „Jugendgewalt“ auf „sueddeutsche.de“ zieht Experten zu Rat: Der Pädagoge Frank Beuster wird einerseits als ratlos angesichts des „Maßes an Verrohung“ des „harten Kerns an Intensivtätern, die keine Hemmschwelle mehr kennen“ dargestellt. Andererseits wird sein Expertenwissen herangezogen, indem man seine Erklärung präsentiert, dass die Täter sich selbst in der Opferrolle sähen und daraus das Recht ableiteten, mit grober Gewalt vorzugehen.[4] Die „Taten“ werden in diesen Darstellungen mit Vokabular geschildert, das eine außergewöhnliche Brutalität und „grobe Gewalt“ unterstreicht und es werden Hintergründe zu „Tätern“ dargestellt, die diese auch mit Drogen in Verbindung bringen. Das Urteilen wird anhand der moralisch aufgeladenen Darstellungen leicht gemacht – eventuell mit der Schwierigkeit, sich den „Täter“ auch als „Opfer“ vorzustellen.

Doch wie reagieren Sozial-, Erziehungswissenschaftler/innen oder pädagogische Fachkräfte, die, wie obige Schilderungen zeigen, auch im Austausch mit öffentlichen Medien stehen, auf ein solches „Problem“? Welche Fragen stellen sie und welche Konsequenzen ziehen sie aus den Antworten?

---

2 http://www.spiegel.de/panorama/justiz/0,1518,676325,00.html, 06.02.‘10, Datum der Recherche: 27.11.‘10

3 http://www.spiegel.de/spiegel/print/d-67596337.html, 02.11.‘09, Datum der Recherche: 27.11.‘10

4 http://www.sueddeutsche.de/muenchen/jugendgewalt-pruegeln-ohne-grenzen-1.37975, 14.09.‘09, Datum der Recherche: 27.11.‘10

Eine Möglichkeit wäre es, zunächst zu fragen, wie das von den Medien ausgeschlachtete „Phänomen“ überhaupt zustande kommt, d.h. was „Jugendgewalt“ soviel bemerkenswerter macht als Gewalt durch andere Altersgruppen oder moralisch verwerflicher als manche Vorgehensweisen von Polizei und Bundeswehr oder, noch elementarer, inwiefern der Begriff „Gewalt“ überhaupt von der Wissenschaft übernommen werden kann. Gerade der Sozialpädagogik, die von Theorie und Forschung einen Bogen zu der Praxis von Erziehung und Betreuung in öffentlichen Institutionen schlagen muss, scheint eine Verantwortung zuzukommen, Sensationsdarstellungen von jugendlicher „Brutalität“ kritisch zu betrachten und sie gesellschaftlich zu kontextualisieren, statt mit der Entwicklung von punitiven Erziehungsmethoden und Präventionsprogrammen zu reagieren.

In wissenschaftlichen und fachlichen Diskussionen lassen sich zwei grundverschiedene Herangehensweisen im Umgang mit dem Symbol der Jugendgewalt kontrastieren, die sich zunächst durch eine sprachliche Besonderheit unterscheiden lassen: die dominante, ätiologische Sichtweise wird durch die Übernahme des Begriffes Jugendgewalt erkennbar, während reflexive Perspektiven ein grundsätzliches in Frage stellen des Begriffes in der Regel durch Anführungszeichen kenntlich machen.

Der Einfluss ätiologischer Wissenschaft zeigt sich beispielsweise im 11. Kinder- und Jugendbericht des Bundesministeriums für Familie, Senioren, Frauen und Jugend, dessen Sachverständigenkommission zum Großteil aus Erziehungswissenschaftler/innen und Pädagog/innen besteht.[5] In Referenz auf gängige Studien werden hier beispielsweise „Gewalttäter“ stigmatisiert, z.B. von jungen Migranten, die als Täter signifikant überrepräsentiert seien[6], von gewaltförmigen Verhaltensweisen geschrieben, gewaltbegünstigende Bedingungen in einfacheren sozialen Schichten und bei Eltern mit niedrigem Bildungsniveau etc. vermutet[7] und Jugend und Gewalt als Phänomen betrachtet, das anhand von „Problemkonstellationen“, die mitunter Aspekte wie „Mitgliedschaft in devianten Gleichaltrigengruppen“ und „eigene psychosoziale Belastungen“ beinhalten, erklärt werden könne (vgl. 11. Kinder- und Jugendbericht

[5] Der 11. Bericht mit dem Titel „Aufwachsen in öffentlicher Verantwortung“ wurde ausgewählt, da dieser ein Kapitel „Öffentliche Aufmerksamkeiten: Delinquenz – Gewalt – Rechtsextremismus“ enthält und daher mehr zur Jugendgewalt-Debatte aussagt als der 2005 veröffentlichte 12. Kinder- und Jugendbericht, der den Schwerpunkt „Bildung“ behandelt.

[6] Vgl. Wetzels u. a. 1999, zit. n. dem 11. Kinder- und Jugendbericht

[7] Vgl. Tillmann u. a. 1999, zit. n. dem 11. Kinder- und Jugendbericht

2002). In der Stellungnahme der Bundesregierung wird Gewalt sogar als „Gefährdung unserer Demokratie“ gesehen und in der Bekämpfung von Rechtsextremismus und Gewalt ein besonderes Gewicht auf die Erziehung junger Menschen zu „Demokratie und Toleranz“ gelegt (vgl. ebd., S. 6). Die Darstellungsweise erzeugt - trotz aller Relativierungen bezüglich der Studien und Statistiken – Bilder von potenziellen Gewalttätern und ermöglicht so Diskreditierungen von Gruppen und ganzen sozialen „Schichten“, die ohnehin über wenige Ressourcen und Teilhabemöglichkeiten verfügen. Darüber was Gewalt ist, scheint ein fiktiver Konsens zu bestehen und ihre „Ursachen“ werden, wenn auch implizit, im Individuum und seinem Umfeld - hauptsächlich dem familiären – gesucht, nicht in konkreten Interaktionssituationen und nicht in Bezug auf Beurteiler/innen bzw. Definierer/innen von Gewalt.

Mit dem Anspruch „Eine Einführung in die sozialwissenschaftliche Jugendforschung“ herauszugeben, liefert auch der Jugendforscher Klaus Hurrelmann (2005) einige Erklärungen zu „Gewalthandlungen“ Jugendlicher. Anhand des „Wissens“ unterschiedlicher Disziplinen und Institutionen erklärt, problematisiert und pathologisiert Hurrelmann Handlungen, die er als „Aggressionen“ und „Gewalt“ definiert und schreibt diese bestimmten Personengruppen zu. Es wird ein Verständnis von dem „gewalttätigen Jugendlichen“ vermittelt, das von Zuschreibungen persönlicher Defizite und „Normabweichung“, von moralischer Verkommenheit und stigmatisierenden Verdächtigungen gegenüber dem sozialen und familiären Umfeld, geprägt ist.

Auch im sozialpädagogischen Fachdiskurs häufen sich Erklärungsversuche, die Jugendliche und deren Umfeld problematisieren und mit Darstellungen von Gefährlichkeit arbeiten.

Im Juni 2009 widmete die Zeitschrift „Deutsche Jugend“ ein ganzes Heft dem Schwerpunkt „Jugendgewalt“ (57. Jg., H. 6). In Anbetracht der suggerierten Bedrohlichkeit in der äußeren Aufmachung des Heftes, die sich im Editorial durch Erwähnung des Amoklaufs von Winnenden bzw. mittels der Darstellung eines erschreckend gut bewaffneten Jugendlichen auf dem Einband ausdrückt, erscheint bemerkenswert, dass die Beiträge diese Stimmung nur sehr bedingt aufgreifen und zum angekündigten Gegenstand keine Stellung beziehen. Dies erweckt den Anschein, dass nicht mehr geklärt werden müsse, was „Jugendgewalt“ eigentlich bezeichnen soll, sondern an einen Fachdiskurs (und mit dem Titelbild auch an mediale Skandalisierungstechniken) angeknüpft werden könne, in dem das Etikett bereits etabliert ist.

So präsentiert der Beitrag von Erkan Altun et al. „Opfertypen“, die schlimmstenfalls sogar von der Ausbildung einer seelischen Behinderung bedroht seien, und stellt diesen die entsprechenden „Täter“, auch „Aggressoren“ oder „Peiniger“ genannt, gegenüber. Ausgerechnet im Kapitel mit der Überschrift „Genaues Hinsehen“ wird beanstandet, dass zwar die „Täter“ bestraft, aber die „Opfer“ nicht ausreichend wahrgenommen oder sogar abgewertet würden (vgl. ebd., S. 251f u. 254). Es wird ein Bild von einseitigen „aggressiven“ Angriffen und von hilflosen „Opfern“ vermittelt, um daraus einen verstärkten Wahrnehmungs- und Fürsorgebedarf abzuleiten (vgl. ebd., S. 251).

Auch an pädagogischen „Lösungen“ für den als offensichtlich präsentierten Bedarf der Behandlung jugendlicher „Aggressivität“ mangelt es im Fachdiskurs nicht. So beispielsweise Jürgen Körner, der einen Beitrag für die Zeitschrift für Sozialpädagogik (2007, 5. Jg., H. 4) mit Bezug auf die eigens entwickelte „Denkzeit-Methode“ damit beginnt, Gewalttätigkeit als soziales Handeln und Jugendliche als kompetent und sinnhaft Handelnde zu beschreiben, dann aber, im Widerspruch dazu, anhand des psychoanalytischen Modells der projektiven Identifizierung, „Täter“-Typen konstruiert, deren Handlungen durch negative Erfahrungen und innere Vorgänge determiniert seien. Glen-Mills-Schools und das bekannte Anti-Aggressivitätstraining, wie von Jens Weidner und Rainer Kilb im Rahmen der populär gewordenen „Konfrontativen Pädagogik“ entwickelt, werden zwar aufgrund der perfekten sozialen Kontrolle und der aggressiven Konfrontationen abgelehnt, mit der beworbenen Methode wird jedoch – wenn auch „sanfter“ - auf das gleiche selbsterzeugte Problem reagiert (vgl. Körner 2007, S. 404-417).

Diese Auszüge ätiologischer Sichtweisen im Jugendgewalt-Diskurs erklären anhand verschiedener Formen von Expertenwissen Ursache und Wirkung „jugendlicher Gewalt“. Sie haben die Prämisse gemein, dass es „Gewalt“, „Jugendgewalt“ und die entsprechenden „jugendlichen Gewalttäter“ per se gibt. Ob nun der schwierige Versuch unternommen wird, eine zunehmende Bedrohung durch „Jugendgewalt“ anhand von Statistiken zu belegen und den Begriff zu definieren oder auch nicht, scheint für das Übernehmen des Etiketts keine Rolle zu spielen – es bildet den kleinsten gemeinsa men Nenner der ätiologischen Sichtweisen. Insofern scheint der Gegenstand als „gegeben" betrachtet zu werden.[8]

Die Arbeiten von Erziehungs-, Sozialwissenschaftler/innen und kritischen Kriminologen/innen, die sich einer Etikettierungsperspektive sowie einer reflexiven Herangehensweise bedienen, liefern weder „Erklärungen" für „Jugendgewalt" noch Patentrezepte für „Lösungen". Ausgehend von der Prämisse, dass das Etikett „Jugendgewalt" den Gegenstand konstruiert, statt einen vorhandenen Gegenstand zu benennen, wird danach gefragt, wer den Begriff mit welchem Interesse und mit welchen Folgen für wen verwendet. Mit dem Hinterfragen des Konstrukts werden also statt „gewalttätigen Jugendlichen" deren „primäre Definierer", wie Politiker/innen, Journalist/innen, Wissenschaftler/innen und Fachkräfte, und statt „Jugendgewalt" Interessen, die anhand dieses Konzeptes und dem dazugehörigen Wissen legitimiert und durchgesetzt werden sollen, in den Fokus der Betrachtung gerückt.

Der Gewaltbegriff wird im Rahmen von Medien- und Diskursanalysen daraufhin untersucht, in welchen Kontexten er sich etablierte und zu einem so häufig verwendetem Symbol wurde. Aus dieser Perspektive wirkt es fast etwas ironisch, wenn die Bundesregierung in der zitierten Stellungnahme „Gewalt" als Gefährdung der Demokratie bezeichnet, während der Staat, wie Helga Cremer-Schäfer & Heinz Steinert (1998)/ & Johannes Stehr (1990) zeigen, im Symbol der Gewalt ein zuverlässiges Mittel hat, um unerwünschte Aktionen, beispielsweise Protest, zu diskreditieren und somit herrschende Moral- und Normvorstellungen sowie das staatliche Gewaltmonopol hervorzuheben.

Wie der Medienbericht der zu Anfang zitiert wurde, demonstriert, werden „Gewalttaten" Jugendlicher mit einer besonderen öffentlichen Aufmerksamkeit bedacht. Untersuchungen der geschichtlichen Thematisierung von Jugend-Phänomenen, wie sie beispielsweise bei Benno Hafeneger (1994), Helga Cremer-Schäfer (2001) und Roland Anhorn (2010) zu finden sind, zeigen, dass diese schon seit geraumer Zeit in zyklischer Wiederkehr als Objekte öffentlichen Moralisierens hervorgeholt werden. „Jugend", so scheint es, ist ein beliebtes Medium soziale Ängste und die Zukunft unserer Gesellschaft zu thematisieren. Stanley Cohen (2002) entwickelte mit dem Begriff der „Moralpanik" im Hinblick auf diese Beobachtung sogar eine Art Gegenetikett, das

8 Auch unter den Wissenschaftler/innen, die den Begriff der Jugendgewalt übernehmen, gibt es kritischere bzw. zweifelnde Stimmen, dies wird in Kapitel 5 ersichtlich.

auf die Funktion und den irrationalen Effekt der öffentlichen Empörung über die „gefährliche Jugend“ hinweist. Da die folgenden Kapitel diese Perspektiven sowie ihre theoretische Fundierung ausführlicher behandeln, wird hier auf genauere Ausführungen verzichtet.

Da die vorliegende Studie sich mit der Etablierung des Etiketts der Jugendgewalt und den möglichen Folgen des gesellschaftlichen, aber vor allem des pädagogischen Umgangs damit befasst, werden im Folgenden schwerpunktmäßig Untersuchungen der sozialen Funktion des Gewaltsymbols dargelegt. Jugendlichen und ihrem Handeln wird, wie in ätiologischen Beiträgen deutlich wird, jedoch auch „Aggressivität“ zugeschrieben. Eine Widerlegung gängiger Definitionen des Aggressionsbegriffes aus interaktionistischer Sicht findet sich bei Gabi Löschper (1992). Löschper entwickelt die Sichtweise, dass „aggressives Verhalten“ sich nicht außerhalb einer konkreten Interaktion definieren, sondern nur als Beurteilung von anwesenden Beobachtern erfassen lässt.

Eine Betrachtung, die zwar den Gewaltbegriff übernimmt, aber eingehend nach dem subjektiven Sinn eben jener Handlungen junger Menschen fragt, die derart ausgiebige Diskussionen auslösen, findet sich bei Hans-Volkmar Findeisen und Joachim Kersten (1999). Indem sie dieser Frage nachgehen, stoßen die Wissenschaftler, Unterstellungen von Regellosigkeit oder Werteverlust entgegen, sehr wohl auf gruppenspezifische Regeln und Moralvorstellungen in „gewalttätigen Jugendszenen“ wie „Hooligans“, „Linke“, „Rechte“, „Türken-„ oder „Mafiakids“. Auch beziehen die Autoren den „Freizeitwert“, den Aspekt der Selbstverwirklichung sowie den der Darstellung von Männlichkeit und auch die Medienwirksamkeit der Aktionen, um die Jugendliche wissen, mit ein. So wird deutlich, dass zum Verstehen „aggressiver Handlungen“ weitaus mehr nötig ist, als theoretische Handlungsmodelle auf (mal mehr mal weniger als homogene Gruppe betrachtete) „aggressive Jugendliche“ anzuwenden.

Trotz dieser Gegenstimmen scheinen verbreitete Darstellungen von „Gefährlichkeit“, aber auch Hilfebedürftigkeit den „Jugendgewalt“-Diskurs zu dominieren. Sie erzeugen einen Handlungsbedarf, den sich die Pädagogik in besonderem Maße anzueignen scheint. In der medialen Darstellung sowie in der ätiologischen Sichtweise scheinen stets schon Fragen danach mitzuschwingen, was mit den „harten Fällen“, z.B. „U-Bahn-Schlägern“ passieren soll, wie man „Opfer“ schützen kann oder wie Jugendgewalt als „soziales Problem“ bekämpft und verhindert werden kann.

Die vorliegende Studie ist kein Versuch, sich diesen Fragen anzunähern, da sie den „Gegenstand Jugendgewalt“ schon vorgeben. Daher wird vor dem theoretischen Hintergrund einer reflexiven Perspektive zunächst das Etikett der Jugendgewalt in Verbindung mit gesellschaftlichen Rahmenbedingungen betrachtet und anschließend ein Ausschnitt des aktuellen wissenschaftlichen Diskurses im Hinblick auf den möglichen Effekt des dort hervorgebrachten Wissens untersucht. Theoretische Grundlagen, die hierzu herangezogen werden, und zugleich eine genauere Unterscheidung und Darstellung der hier schon angedeuteten wissenschaftlichen Perspektiven werden im folgenden Kapitel erarbeitet.

2 Theoretische Perspektiven und Analysewerkzeug

„Die herrschenden Ordnungen und ihre Selbstverständlichkeiten sorgen für sich selbst. Wir sind für den Widerspruch zuständig.“ (Steinert 1998, S. 27)

2.1 Zur Bedeutung von Reflexivität im Umgang mit „Jugendgewalt“

Statt in den Tenor von „Jugendgewalt“ als eine Gefahr und soziales Problem mit einzustimmen, kann anhand einer reflexiven Fragestellung herausgearbeitet werden, welche Diskurse hinter erschreckenden Schlagzeilen und Forderungen nach schnellem Handeln stecken. Doch was kann mit einem solchen methodischen Vorgehen eigentlich gewonnen werden? Warum sollten Erziehungswissenschaften und soziale Professionen sich damit „aufhalten“, wissenschaftliche Gegenstände und ihre Sicht auf Kinder und Jugendliche zu überdenken und dabei auch noch weit ausholen, statt nach „Ursachen“ und „Lösungen“ für ein scheinbar akutes Problem zu suchen?
Wie die Betrachtung sozial-geschichtlicher Kontexte in Kapitel 3 verdeutlicht, können Darstellungen jugendlicher Aktivitäten als „Kriminalität“ und/oder „Gewalt“ zur Verfolgung von Partikularinteressen genutzt werden. Wenn es allerdings einigen Initiatoren des Diskurses von vorneherein nicht oder nicht im vorgegebenen Maße um eine schwerwiegende „Bedrohung“ durch Jugendliche und von Jugendlichen geht, die eingedämmt werden soll, sie dieses Motiv aber vorschieben, weil es sich anderweitig als nützlich erweist, bleibt zu fragen, welche Folgen dieses Vorgehen für jene hat, die als „aggressiv“, „gefährlich“, „gewaltbereit“, „Gewalttäter“ oder „Intensivtäter“ etikettiert werden.
Auch gilt es zu fragen, welche Vorgänge und strukturelle Veränderungen es mit sich bringt, wenn Maßnahmen wie „Anti-Aggressivitäts-Training“ oder sogar Formen der Lagererziehung als Renaissance punitiver Strategien in Reaktion auf „Jugendgewaltwellen“ wieder als legitim geltend gemacht werden.[9] Zumindest, wenn man nicht naiv nur „gute Absichten“, „Fürsorge“ und „gerechte Strafe“ in ihnen vermuten will. Gerade Erziehungswissenschaften und pädagogische Fachkräfte, die in Folge der Skandalisierung von „Jugendgewalt“ unter Druck geraten, Schlüssellösungen zu fin-

[9] Exemplarisch hierzu: Stehr 2002 sowie Findeisen/Kersten 1999, S. 20.

den und „gewalttätiges Verhalten“ bei Kindern und Jugendlichen schon möglichst früh „präventiv“ zu verhindern, könnte ein reflexives Hinterfragen zu einer kritischen Sicht auf die Rahmenbedingungen dieser „Anforderungen“ verhelfen (vgl. hierzu Cremer-Schäfer 2010).

Eine reflexive Sozialwissenschaft, wie sie Heinz Steinert formuliert, stellt „Handwerkszeug“ zur Verfügung um wissenschaftliche Analysen zum gesellschaftlichen Umgang mit dem Thema „Jugendgewalt“ vorzunehmen. Reflexivität im Umgang mit „Jugendgewalt“ verhilft also dazu Selbstverständlichkeiten vorherrschender Ansichten zu hinterfragen und den analytischen Blick nicht immer prüfend auf Jugendliche sondern auf das Wissen zu richten, das über sie hergestellt wird. Im Folgenden soll eine reflexive Perspektive beschrieben werden, die dann, unter Einbeziehung weiterer theoretischer Gedanken zu „Abweichung“ und sozialer Kontrolle, zur Betrachtung der ausgewählten Quellen dient.

In der Arbeit „Reflexivität. Zur Bestimmung des Gegenstandsbereiches der Sozialwissenschaften“ schildert Heinz Steinert (1998a) die Ausgangsposition von Sozialwissenschaften indem er darauf hinweist, dass Sozialwissenschaftler/innen selbst Mitglieder der Gesellschaft sind, die sie untersuchen (vgl. Steinert 1998a, S. 20). Hierin wird die Herausforderung deutlich, mit der Bedingung umzugehen, selbst Untersuchende/r und gleichzeitig Teil des eigens untersuchten „Gegenstandes“ zu sein. Ausgehend von dieser Überlegung soll im Folgenden nachvollzogen werden, warum Reflexivität sogar als der „Kern von Soziologie als Wissenschaft“ und als *die* Aufgabe von Sozialwissenschaften, betrachtet werden kann (vgl. ebd., S. 24).

Sozialwissenschaften, die selbst eine soziale Praxis und Teil der Gesellschaft und ihrer Herrschaftsverhältnisse sind, können nicht auf die soziale Praxis angewendet werden. Vielmehr kommt ihnen die Funktion zu, die beobachtete Praxis zu untersuchen und zu reflektieren (vgl. ebd., S. 24). Soziologie ist demnach eine reflexive Perspektive, die über ihr Verhältnis zu anderen Arten des „Wissens“ über Gesellschaft bestimmt werden kann (vgl. ebd., S. 16). So soll jedoch nicht etwa die *eine* richtige Perspektive im Sinne eines „rechthaberischen Realismus“[10] bestimmt werden. Eine sachgerechte Wissenschaftlichkeit liegt vielmehr in dem Versuch, andere Perspektiven und Wissensformen zu verstehen (vgl. Steinert 1998b, S. 68).

[10] Diesen beschreibt Steinert als ein rechthaberisches Modell von „Wahrheit“ im Alltag bzw. von „Wirklichkeit“ in der Wissenschaft (vgl. Steinert 1998b, S. 67).

Unterschieden wird zwischen Alltagswissen, Expertenwissen und kulturindustriellem Wissen, welche zwar große Schnittmengen mit sozialwissenschaftlichem Wissen haben, den Anspruch von Reflexivität aber nicht erfüllen, sondern Bedingungen darstellen, die sie notwendig machen:
Das *Alltagswissen* beruht auf Selbstverständlichkeiten der täglichen Routine und ist essenziell, um sich in vorgegebenen Strukturen, beispielsweise in bestimmten Einrichtungen, zurechtzufinden (vgl. ebd., S. 16-18/ 21).
Als *Expertenwissen* beschreibt Steinert explizit kodifiziertes und operatives Wissen, das bestimmten Berufen zugeordnet werden kann. Sozialwissenschaftliches Expertenwissen, beispielsweise in Form von statistischen Erhebungen, wird auch zur staatlichen oder wirtschaftlichen Verwaltung verwendet und ist dort in besonderem Maße ein Instrument zur Ausübung von Macht (vgl. ebd., S. 18f/ 21). Vom spezifischen Wissen über Gesellschaft bestimmter Berufsfelder interessiere, so Steinert, besonders jenes, das mit Kontroll- und Planungsfunktionen verbunden sei, weil es, mit den nötigen materiellen und Macht-Ressourcen ausgestattet, Gestaltungen der Welt orientiere, die auch für die anderen verbindlich würden und gemacht würden (vgl. ebd., S. 18f).
Eine einflussreiche Form von Öffentlichkeit und Wissensproduktion besteht in der *„Kulturindustrie"*. Medien, als ein Apparat der Kulturindustrie, bedienen sich dem Wissen über Gesellschaft zur Unterhaltung oder werden zur politischen Propaganda genutzt (vgl. ebd., S. 19f/ 22).
Mit den Wechselwirkungen zwischen den Sozialwissenschaften und anderen Arten des Wissens über Gesellschaft wird auf Selbstverständlichkeiten, Beeinflussungen und Machtmittel aufmerksam gemacht, die aus diesen Verhältnissen hervorgehen. Da es jedoch nicht praktikabel erscheint, sich gegen solche Einflüsse abzuschotten, sieht Steinert Sozialwissenschaftler/innen mit der Aufgabe konfrontiert, genau hinzusehen, geduldig nachzudenken und sich nicht dumm machen zu lassen (vgl. ebd., S. 28).
In Form von „Klugheits- und Handwerks-Regeln der Interpretation" erläutert Steinert (1998b) explizit, wie dies bewerkstelligt werden kann. Dabei ist zunächst herauszustellen, dass anhand dieser Vorgehensweise Kenntnisse über sogenannte „Arbeitsbündnisse" gewonnen werden können. Diese setzen sich aus Rahmenbedingungen einer Situation zusammen, die zwecks eines Verstehens von Interaktionen und gesellschaftlichen Phänomenen zentral sind:

> „[Regeln der Situation, KVB], die also vom organisatorischen, institutionellen und sonst gesellschaftlichen Rahmen der Interaktion und von den Beteiligten vorgegeben, vorausgesetzt und ausgehandelt werden, kann man als ‚Arbeitsbündnis‘ zusammenfassen. Wir verstehen, indem wir die Arbeitsbündnisse rekonstruieren, in denen ein Phänomen verstanden werden *kann*.“ (Steinert 1998, S. 70)

Ein Arbeitsbündnis zu analysieren bedeutet also, den verbindlichen Rahmen sichtbar zu machen, in dem ein Phänomen seine Bedeutung erhält. Für die Interpretation von Texten bedeutet dies beispielsweise, die Wünsche und Interessen sowohl von sich selbst als Interpret als auch vom Erzähler des Textes soweit wie möglich einzubeziehen und zu reflektieren. Solche Überlegungen unterscheiden die wissenschaftliche Rezeption von der alltäglichen (vgl. ebd., S. 72ff).

Zur Analyse und Interpretation von Arbeitsbündnissen schlägt Steinert vor, auf nicht Ausgesprochenes an Wissen und Normen zu achten, also auf Voraussetzungen der Situation, die eben nicht ohne weitere Anstrengungen ersichtlich werden (vgl. ebd., S. 76). Anhand folgender Handwerks-Regeln der Interpretation, die Steinert aus methodischen Regeln der Hermeneutik „extrahiert“, können Interpret/innen die Voraussetzungen schaffen, ihre Aufmerksamkeit für Hintergründiges zu erhöhen und dieses zu verstehen:

1/ „genau hinsehen“ bedeutet Einzelheiten zur Beschreibung des Gegenstandes, also vor allem Angaben zum „Rahmen“, zu beachten. 2/ „geduldig nachdenken“ meint, sich zur Interpretation die nötige Zeit zu nehmen, das Geschehen zu dokumentieren, „weit hergeholte“ Vergleiche zu ziehen und sich Theorien zunutze zu machen. Dabei kann besonders davon profitiert werden, andere Perspektiven mit einzubeziehen oder zumindest zu reflektieren, welche Perspektiven möglich wären. 3/ „sich nicht dumm machen lassen“ bedeutet einerseits misstrauisch gegenüber gesellschaftlicher Vorgaben zu sein, sich aber auch nicht von eigenen Vorannahmen verblenden zu lassen, sondern diese zu überdenken, also Irritationen und Vorurteile als Erkenntnismittel zu verwenden.

An diesen „Klugheits- und Handwerks-Regeln“ orientiert sich die Vorgehensweise in den Analysen und Interpretationen von wissenschaftlichen Texten zum Jugendgewalt-Diskurs in Kapitel 5. Reflexivität kann als eine Perspektive betrachtet werden, die über wissenschaftliche Analysen hinaus, die Möglichkeit zu einem überlegteren Umgang mit dem Etikett der „Jugendgewalt“ bietet. Diesbezüglich, genau genommen bezüglich der Instrumentalisierung des Konzeptes „Jugendgewalt“ und der Ermöglichung von Punitivität und Ausschließung, formuliert Steinert im konkreten Zusammenhang was mit einem reflexiven Moment gewonnen wäre:

> „[Die, KVB] Möglichkeit von intensivierter Punitivität ist Anlaß genug, in den Sozialwissenschaften eine Form der Antizipation einzuüben: ‚Was ist der Effekt der Verwendung des Wissens, das ich mit-herstelle und verbreite?' Gewalt- und Kriminalitäts-Debatten wären damit am Ende." (Steinert 1998, S. 200)[11]

Eine reflexive Perspektive bietet sich auf dem weiten Feld der Wissensproduktion über jugendliche „Gewalt" besonders an. Wie im Kontextualisieren des „Phänomens" in Kapitel 3 nachvollziehbar wird, sind und waren in der Vergangenheit unterschiedliche Akteure an der Diskussion beteiligt; da wären z.B. humanwissenschaftliche Disziplinen, die Massenmedien, die Politik und die Polizei (vgl. Stehr 2009, S. 114). Dementsprechend breit erscheint das Angebot an „Wissen", dass über Jugendgewalt produziert wird und in Referenz auf die drei beschriebenen Wissensformen reflexiv zu behandeln ist, ohne allerdings zu versuchen, diese Wissensangebote in „reine" Kategorien zu zwängen.

2.2 Zur Differenz zwischen ätiologischem Paradigma und Kontrollparadigma nach Wolfgang Keckeisen

Wie nun kenntlich gemacht wurde, bietet eine reflexive Sozialwissenschaft analytisches „Handwerkszeug", um Wissen über gewalttätiges Verhalten Jugendlicher zu hinterfragen. In wissenschaftlichen (Fach-)Debatten über „aggressives" oder „gewalttätiges" Verhalten Jugendlicher sind grundlegende Annahmen über abweichendes Verhalten aus zwei unterschiedlichen theoretischen Denkrichtungen differenzierbar. Auch jene Ansätze ließen sich, in Anlehnung an den vorigen Abschnitt, danach unterscheiden, ob sie dazu beitragen, Expertenwissen zu produzieren oder „abweichendes Verhalten" reflexiv behandeln. Damit wäre die Unvereinbarkeit der theoretischen „Richtungen", die diese Ansätze einschlagen, jedoch noch nicht kenntlich gemacht und ihre grundlegenden Annahmen noch nicht kontrastiert. Dies unternimmt Wolfgang Keckeisen (1974), indem er devianztheoretische Ansätze erstens in ein ätiologi-

11 In: Cremer-Schäfer, Helga; Steinert, Heinz (1998): Straflust und Repression. Zur Kritik der populistischen Kriminologie. Westfälisches Dampfboot (Einsprüche; 8), Münster.

sches Paradigma und zweitens ein Kontrollparadigma[12] unterscheidet. Durch eine Rekonstruktion des *labeling approach*, im deutschen Raum bzw. im Kontext der kritischen Kriminologie als Etikettierungsperspektive bezeichnet, kommt Keckeisen zu der Annahme, dass dieser in seinen Grundannahmen, Fragestellungen, Methoden und praktischen Motiven mit ätiologischen Ansätzen geradezu inkompatibel ist. Das Kontrollparadigma konstituiert sich folglich aus Ansätzen des *labeling approach* und wird als konkurrierend zum vorherrschenden ätiologischen Paradigma beschrieben, an dem sich „Verhaltenstheorien“ orientieren.

Auf eine ausführlichere Beschreibung der Paradigmen wird hier verzichtet und auf die Arbeit Keckeisens verwiesen. Die jeweiligen Grundfragen und Erklärungsideale sollen aber grob skizziert werden, damit Konjunkturen von Theorien in der Beschäftigung mit dem aktuellen Jugendgewalt-Diskurs vor dem Hintergrund der unterschiedlichen Paradigmen betrachtet werden können.

Gemein ist jenen einzelwissenschaftlichen Paradigmen die Prämisse, dass innerhalb von Gesellschaften Verhaltensweisen existieren, die als abweichend „gelten“. Jedoch bildet eine entscheidende Differenz den Ausgangspunkt für die Ausgestaltung zweier grundverschiedener wissenschaftlicher Bezugsrahmen zur Beschreibung von Devianz und sozialer Kontrolle. Dies veranschaulicht Keckeisen anhand des unterschiedlichen Umgangs mit dem Satz „A. verhält sich delinquent“. Während das Kontrollparadigma den Geltungsanspruch derartiger Sätze in Frage stellt und dessen Konstitution in den Fokus der wissenschaftlichen Untersuchung rückt, akzeptiert das ätiologische Paradigma die Gültigkeit der Aussage und macht sich die Suche nach Ursachen für den „vorfindlichen“ Sachverhalt zum Grundproblem (vgl. Keckeisen 1974, S. 24).

Die Ätiologie definiert demnach ihren Gegenstand anhand herrschender Normen und stützt, bequem aber wissenschaftlich fragwürdig, auch den eigenen Geltungsanspruch auf jene Normen. Es wird (z.T. eher implizit) davon ausgegangen, dass Konformität und Devianz einer Handlung durch eine vermeintliche Intersubjektivität von Normsystemen objektiv feststellbar ist (vgl. ebd., S. 25). Wird demnach „Gewalttätigkeit“, eine Form der „Devianz“, „festgestellt“, wird damit eine Klassifikation oder sogar „Diagnose“ vorgenommen, die sich auf jene fiktive Intersubjektivität stützt.

12 Zur Klärung des Begriffs „Paradigma“ bezieht sich Keckeisen auf einen Definitionsversuch von Thomas S. Kuhn aus dessen Untersuchung zur „Struktur wissenschaftlicher Revolutionen“ (1967).

Der multidisziplinäre Charakter ätiologischer Devianzforschung lässt sich auch an der wissenschaftlichen Debatte über Jugendgewalt erkennen, da sich unterschiedliche humanwissenschaftliche Disziplinen beteiligen. Keckeisen zufolge, liegt den ätiologischen Ansätzen verschiedener Disziplinen wie Psychologie, Soziologie, Medizin etc., ein gemeinsames Erklärungsideal zugrunde. In der einfachsten Form – deren Logik jedoch für das Paradigma konstitutiv bliebe – werde *die* Ursache für beispielsweise kriminelles Verhalten gesucht und werde dann etwa, vulgärdarwinistisch, in der atavistischen Verfassung der Unterklassen gefunden (vgl. ebd., S. 26).

Bei den instrumentellen Verpflichtungen ätiologischer Forschung lässt sich keine Homogenität erkennen, auf methodischer Ebene wird jedoch eine interdisziplinäre Fokussierung auf die Person des Normbrechers und seinen „Neigungen" erkennbar (vgl. ebd., S. 26f).

Statt Herrschafts- und Machtverhältnisse reflexiv in Untersuchungen einzubeziehen, macht sich ätiologische Wissenschaft konstitutiv von diesen abhängig. Dies scheint ein guter Nährboden für eine affirmative Haltung gegenüber bestehenden Machtstrukturen, wodurch es auch wenig verwundert, dass Keckeisen das ätiologische Paradigma als das in Wissenschaft und Alltagsdenken Vorherrschende beschreibt (vgl. ebd., S. 24). Dieser Zusammenhang lässt sich besonders am Beispiel der traditionellen Kriminologie verdeutlichen, deren Begriff von Verbrechen auf der Definitionsvorgabe staatlicher Institutionen der Strafverfolgung beruht. In der Konsequenz arbeitet die Kriminologie Strafinstanzen in der Bestimmung und Ausschließung von „Kriminellen" zu (vgl. Stehr 2006, S. 131).

Statt Kategorien und Etiketten, wie ätiologische Ansätze, einfach zu übernehmen, macht es sich das Kontrollparadigma zur Aufgabe diese hinsichtlich ihrer Geltung und Konstitution zu hinterfragen. Grundsätzlich fragt das Kontrollparadigma zum einen nach der „Definitionsdimension", indem Bedingungen der Intersubjektivität von Zuschreibungen (z. B. von Devianz) untersucht werden. Zum anderen wird gefragt, wie und anhand welcher Macht gesellschaftliche Definitionen von Abweichendem durchgesetzt und an Sanktionen für den abweichend Handelnden geknüpft werden („Machtdimension") (vgl. ebd., S. 28). Die Macht zu offizieller Kontrolle besteht maßgeblich in der Rechtsanwendung und -durchsetzung und ermöglicht es staatlichen Herrschaftsinstitutionen, zu denen auch die Sozialpädagogik bzw. die soziale Arbeit zählt, ihren Definitionen von Devianz Nachdruck zu verleihen (vgl. ebd., S. 29).

Der verpflichtende Paradigma bezogene Fokus, der sich aus dem Verhältnis der zwei Dimensionen ergibt, wird beschrieben als die *„(institutionelle) Erzeugung devianter Populationen durch Anwendung von Definitionen in Verbindung mit gesellschaftlicher Macht“* (vgl. ebd., S. 30f, Hervorhebung im Original). So wird auch ersichtlich, auf welch paradoxe Weise Sozialpädagogik in eine helfende und erziehende Position kommt; indem sie anhand von Definitionsmacht das korrekturbedürftige Objekt ihrer Intervention, also auch *den* gewalttätigen Jugendlichen, selbst erzeugt (vgl. ebd., S. 10/30f).

Das devianztheoretische Erklärungsideal des Kontrollparadigmas lässt es nur dann zu, Devianz als soziale Tatsache zu betrachten, wenn der Prozess ihrer situativen Bestimmung und der erfolgreichen Zuschreibung eines Merkmals durch andere Akteure und besonders durch Kontrollinstitutionen, rekonstruiert werden kann (vgl. ebd., S. 31). Da also nicht von einer intersubjektiven Feststellbarkeit von Formen der Abweichung und schon gar nicht von ihrer Nachweisbarkeit als inhärente Eigenschaften ausgegangen wird, ist für die Definition von abweichendem Verhalten, das Verstehen konkreter sozialer Interaktionen und sozialer Beziehungen entscheidend. Das dafür benötigte subjektive Sinnverstehen sowie Reflexivität kann schon durch einfache Leitfragen wie „Wie sehe/interpretiere/verstehe ich X.?“ oder „Wie wird X. von anderen gesehen?“ eingeleitet werden (vgl. ebd., S. 32/ 36).

Aus Keckeisens Differenzierung devianztheoretischer Paradigmen geht unverkennbar hervor, dass die Verpflichtungen ätiologischer Forschung sich nicht für eine reflexive Betrachtung der Konstruktion von „jugendlicher Gewalttätigkeit“ als einer Form „abweichenden Verhaltens“ eignen. Vielmehr muss ihr Geltungsanspruch hinterfragt werden, da sie sich in dem Bestreben, die Ursachen oder die Lösungen zu liefern, ihre Gegenstände vorkonstruieren und vorgeben lässt. So sorgte beispielsweise die ätiologische Hervorbringung von „sozialen Ursachenfaktoren“ im Zuge des Aufkommens naturalisierender Theorien von „Delinquenz“ dafür, dass Jugendliche zum Ziel allerlei präventiver Maßnahmen und anderer Interventionen wurden (vgl. Cremer-Schäfer 2010, S. 197f).

Helga Cremer-Schäfer und Heinz Steinert beschreiben, wie die Kritische Kriminologie, deren zentrale Ausgangspunkte dem soeben skizzierten Kontrollparadigma zugeordnet werden können, zunehmend von einer modernisierten und populistischen Kriminologie durchwirkt wird (vgl. Cremer-Schäfer/Steinert 1998, S. 19-26). Dies führen die Autoren auf die Entstehung des „Left Realism“ innerhalb der Kritischen Kriminologie zurück, dessen Appell, „Kriminalität ernst zu nehmen“, völlig hinter das Axiom von Kriminalität als Relationsbegriff zurückfiel und die Mitwirkung an der Produktion von Ausschluss-Wissen radikaler Herrschafts-Kritik vorzog (vgl. ebd., S. 21ff). Was Keckeisen als Paradigma-*Konkurrenz* zwischen dem ätiologischen Paradigma und dem Kontrollparadigma beschrieb, wandelte sich im Bereich kriminologischer Theorien also zugunsten einer Dominanz des ätiologischen Paradigmas und zu Ungunsten von Möglichkeiten eines reflexiven Umgangs mit „Kriminalität“ und „Gewalt“.

2.3 Einige Grundgedanken zur Etikettierung nach Heinz Steinert

Ohne konstitutive Aspekte wiederholen zu wollen, die in Referenz auf Keckeisens Skizze des Kontrollparadigmas schon umrissen wurden, sollen einzelne Grundgedanken zur Etikettierung abweichenden Verhaltens dargelegt werden. Das Hinzuziehen dieser theoretischen Gedanken ermöglicht es, Prozesse zu verstehen, die auch mit der Bezeichnung von Jugendlichen als „gewaltbereit“, „aggressiv“ oder „kriminell“, als Zuschreibungen von Abweichung, zusammenhängen.[13] Auch wird so ersichtlich auf welche Grundannahmen rekurriert wird, wenn in der vorliegenden Arbeit Begriffe als Etiketten bezeichnet werden.

Heinz Steinert (1984) beschreibt die Zuschreibung von Merkmalen mit der anderen Menschen eine Bedeutung gegeben wird als Abstraktionen, die unter einer gewissen begrifflichen Anstrengung des Beobachters/der Beobachterin festgestellt werden (vgl. Steinert 1984, S. 388f). Dies ist zunächst ein alltäglicher Vorgang symbolischer Interaktion, der sich nicht nur auf Zuschreibungen von Abweichung bezieht. Der Vorgang der Zuschreibung ist ein Bestandteil von *Etikettierung*, für welche zwei Prozesse abzuhandeln seien:

> „der der gesellschaftlichen Gewinnung und Festlegung eines Kategoriesystems und der der Anwendung dieses Systems von Begriffen auf eine bestimmte Handlung oder Person. [...] Als weiteres kommt dazu der Umgang der betroffenen Person mit solchen Kategorisierungen.“ (Steinert 1984, S. 389)

[13] Sofern dies in Kapitel 1 noch nicht zur Genüge geschehen ist, wird so im Übrigen auch verdeutlicht, dass (gängige) Bezeichnungen, wie auch „Jugendgewalt“, hier häufig in Anführungszeichen gesetzt werden, um das Etikett in Frage zu stellen.

Gerade die als selbstverständlich geltenden Kategoriesysteme beruhen auf einer „*Fiktion* von Konsens“, die die alltägliche Kommunikation erleichtert, aber nur begrenzt aufrecht erhalten werden kann (vgl. ebd., S. 389). Die Wirkung von Kategorisierungen zeigt sich allerdings erst in ihren praktischen Folgen und im Umgang mit diesen (vgl. ebd., S. 390).

Bezüglich der Regeln, die durch Kategoriesysteme vorgegeben werden, stellt Steinert in Frage, dass „offizielle“ Kategorisierungen (wie z.B. von Polizei, Justiz und Sozialarbeit vorgenommen) bzw. formelle Regeln, die diese mit sich bringen, schlicht eine Untermenge der informellen Regeln des Alltags sind. Einem solch harmonisierten Bild von Gesellschaft widerspricht, dass ein effizienter Propagandaapparat in der Lage ist, Kategorisierungen zugunsten von Partikularinteressen als „allgemein gültig“ durchzusetzen (vgl. ebd.).

Aus einer Etikettierungsperspektive betrachtet, ist das Einstufen von Konflikten und Handlungen Jugendlicher als „Gewalt“ eine Kategorisierung, die unter anderem auf einem fiktiven Konsens darüber beruht, was Gewalt ist.[14] Praktische Folgen der Kategorien „Jugendgewalt“ bzw. „Jugendkriminalität“ zeigen sich beispielsweise in einer „Rehabilitation“ und zeitlichen Ausdehnung von Jugendstrafen sowie in einer veränderten Bereitschaft, Kinder und Jugendliche anzuzeigen (vgl. Cremer-Schäfer/Steinert 1998, S. 158; Cremer-Schäfer 2001, S. 19 und Stehr 2009, S. 116).

[14] Ein realer Konsens kann unter Akteuren, die von „Jugendgewalt“ sprechen, zumindest in der Bestimmung von privater Gewalt als „nicht normal“, also als Regelverstoß, vermutet werden. Auf welche und wessen Regeln sich damit genau berufen wird, bleibt dann noch zu fragen.

3 Zu gesellschaftlichen Kontexten der Konstruktion von „Jugendgewalt“

In Veröffentlichungen zum Thema „Jugendgewalt“ wird häufig einführend der Gewaltbegriff definiert und operationalisiert z.B. in Bezug auf die Dreiteilung in physische, psychische und strukturelle Gewalt.[15] Im Folgenden wird auf eine solche Definition des Gewaltbegriffs verzichtet und stattdessen die Art seiner Verwendung in den Blick genommen. Entlang einer „Geschichte von ‚Gewalt‘ als Dramatisierungskonzept und Verdichtungssymbol“ von Helga Cremer-Schäfer und Johannes Stehr (1990)[16] wird zunächst auf die Etablierung des Gewaltbegriffes eingegangen. Die Dramatisierung von jugendlicher Gewalt ist zwar auch in diesen Prozess eingebettet, wird aber erst in Kapitel 3.2 genauer herausgearbeitet.

3.1 Eine medienhistorische Geschichte des Gewaltbegriffes

Den Prozess der Etablierung des Gewaltbegriffes beschreiben Helga Cremer-Schäfer und Johannes Stehr basierend auf Inhaltsanalysen einer umfassenden Sammlung von Artikeln der Jahre 1957-1987 aus den Illustrierten „Bunte“, „Quick“ und „Stern“ sowie aus dem Magazin „Der Spiegel“. Der Begriff der Gewalt wird in den Massenmedien in der Kategorie „Kriminalität“ untergebracht. Dies gilt ebenso für die Bezeichnung Jugendgewalt, die auch im aktuellen wissenschaftlichen Diskurs, oft synonym mit „Jugendkriminalität“ (vgl. Stehr 2009, S. 108), verwendet wird.
Zu Beginn der 1960er Jahre wird in den Medien ein Übergang vom traditionellen Kriminalitäts-Konzept der 50er Jahre zu einem liberalen Kriminalitäts-Konzept erkennbar. Fortan wird statt über das frühere Bild des Verbrechers als einen von Natur aus bösen, die gesellschaftliche Ordnung gefährdenden „Un-Menschen“, eher über „offensichtliche“ Normabweichungen das grundlegende Problem von Kriminalität definiert. Über die „Täterbiographie“ werden als kriminell bezeichnete Abweichungen auf Erziehung zurückgeführt, wodurch Erziehung zum sozialen Problem gemacht wird. Moralisiert wird beispielweise über die Tugenden von Frauen und über „richti-

[15] Vgl. z.B. Imbusch 2002
[16] Ergänzt durch Cremer-Schäfer/Steinert 1998.

ge“ Mittel zur Erziehung, die Gewalt*taten* treten dagegen in den Hintergrund, da ihre Verurteilungswürdigkeit schon als selbstverständlich vorausgesetzt wird (vgl. Cremer-Schäfer / Stehr 1990, 32f). Hieran lässt sich erkennen, wie das Konzept des „sozialen Problems“ den vormals isolierten Bereich „Kriminalität“ zur Verbindung mit anderen sozialen Handlungsbereichen öffnet (vgl. ebd., S. 33).

Der Zeitraum ab den späten 60er Jahren bis Mitte der 70er Jahre lässt sich gewissermaßen als eine „heiße Anfangsphase“ für den Einsatz des Etiketts der „Gewalt“ beschreiben. Cremer-Schäfer und Stehr schildern drei zusammentreffende und teils parallel verlaufende *Prozesse* innerhalb dieser Phase. Drei Prozesse, die von staatlichen Institutionen angestoßen und von Massenmedien reproduziert worden seien: „Die Entlegitimierung privater Gewalt, die Entwicklung des Topos der ‚zunehmenden Brutalisierung der Gesellschaft‘ [...] und die Eingrenzung des legitimen Protests in der Demokratie über die Konstituierung einer ‚Gewalt-Schwelle‘.“ (vgl. ebd., S. 35).[17]

Ab Ende der 60er Jahre transportieren die Medien einen Sicherheits-Diskurs, welcher Kriminalität zunehmend durch „Gewalt“ darstellt und diese, ab den frühen 70er Jahren, erstmals auch entsprechend bezeichnet. Auf diese Weise wird zum einen der Eindruck eines quantitativen Anstiegs von (Gewalt-)Verbrechen vermittelt und zum anderen ihre besondere - weil „bedrohliche“ und „zunehmende“ - Brutalität hervorgehoben. Entwickelt wird diese Vorstellung, den Autoren zufolge, um den Ausbau und die Modernisierung des staatlichen Kontrollapparates zu legitimieren (vgl. ebd., S. 33). Somit wurde eine Form der Skandalisierung eingeführt, auf die, wie in Kapitel 1 ersichtlich, auch noch in aktuellen Mediendarstellungen von „Jugendgewalt“ gerne zurückgegriffen wird. Daher lässt sich vermuten, dass sich das Konzept zunehmender Brutalität für jene, die es beispielsweise als Legitimationsgrundlage für die Durchsetzung von Interessen zum Einsatz bringen, durchaus bewährt hat.

Die Besonderheit des Konzepts der „Gewalt“, stets als sich ausdehnend und verstärkend beschreibbar zu sein, unterstreichen die Autoren mit dem Bild einer „eingebauten Dramatisierungsschraube“ (vgl. ebd.). Eine wichtige Funktion der damals angemahnten „Brutalisierung der Gesellschaft“ wird folgendermaßen geschildert:

---

[17] Zur Kriminalisierung privater Gewalt siehe auch Honig (1986) sowie Cremer-Schäfer/Steinert (1998), zur Eingrenzung des legitimen Protests und der „Terrorismus-Panik“ Cremer-Schäfer/Steinert (1998) bzw. Sack/Steinert (1984).

> „Mit [diesem Topos, KVB] werden unterschiedlichste Bereiche aufeinander bezogen. Gewalt*verbrechen* sind dabei nur ‚die Spitze des Eisbergs', d.h. die eigentliche Gefahr für die Gesellschaft liegt nicht in diesen Formen sichtbarer und bearbeitbarer Gewalt, sondern in den Brutalisierungstendenzen, die sich unterhalb der Kriminalitäts-Schwelle befinden und nicht genau lokalisierbar sind. So werden denn auch die verschiedensten gesellschaftlichen Institutionen (Familie, Schule) und Bereiche (Straßenverkehr) genannt, aus denen sich die Brutalität herleiten soll." (Cremer-Schäfer / Stehr 1990, S. 34).

Das hier implizierte Vordringen in den privaten Bereich (gemäß der obigen Metapher, in den potentiell „gefährlichen" und schwer sichtbaren Unterteil des „Eisberges") durch die Suche nach „Ursachen", lässt sich auch als einen Schritt im Prozess einer Ausweitung des Kontrollnetzes auf das „weiche Ende" betrachten (vgl. z.B. Cohen 1985); dies wird in der Diskussion von Präventionsmaßnahmen gegen „Jugendgewalt" aufgegriffen.

Durch die soeben beschriebenen Vorgänge wird „Gewalt" also zu einem Etikett und einem „Symbol gesellschaftlicher Unordnung"[18], das nun neben Normabweichung auch einen breiten Normenverlust und Normendefizite bedeuten soll (vgl. ebd., S. 33).

In diesem Zusammenhang bietet es sich an, auch Aspekte einer Untersuchung über den Umgang mit jugendlichen Handtaschenräubern in Großbritannien von Stuart Hall et al. (1978) zu erwähnen.[19] Cremer-Schäfer (1998) hebt eine aufschlussreiche Beobachtung Halls bezüglich eines Wandels von Initiatoren und Funktionen von Gewalt-Dramatisierungen in britischen Kampagnen hervor. Demnach ging die Aufregung über Mods und Rocker zu Beginn der 60er Jahre noch von „erschreckten Bürgern" aus, während ab den 70ern vermehrt staatliche Kontrollapparate und die Massenmedien den öffentlichen Ordnungsdiskurs über störende Aktivitäten anleiteten. Die beobachtete Entwicklung, dass darauffolgende Sicherheits- und Law-and-Order-Kampagnen einen Zusammenhang aller Störungen öffentlicher Ordnung erzeugten und Fälle von „Mugging"[20] als Hinweis auf eine weitreichendere Bedrohung deuteten, vermittelt ebenfalls eine Vorstellung von der Erschaffung eines Verdichtungssymbols: „Der Handtaschenraub ist nicht gefährlich, weil er von Beraubten als Über-

---

[18] Cremer-Schäfer und Stehr beziehen sich mit diesem Ausdruck auf Gusfield (1981).

[19] Dieser Abschnitt gehört nicht zur Studie der Geschichte des Gewaltbegriffes in Print-Medien.

[20] Dt.: Der Handtaschenraub, der Überfall.

griff auf ihre Person empfunden wird. Gefährlich ist er als Fall von ‚Gewalt auf der Straße', die die ganze Nation bedroht." (Cremer-Schäfer 1998, S. 120).

Da es sich bei „Jugendgewalt" um ein Etikett handelt, das sich auf den Bereich privater Gewalt bezieht, erscheint auch die Entlegitimierung und Kriminalisierung[21] dieses Bereiches als ein Prozess, den es sich lohnt, zur historischen Kontextualisierung von „Jugendgewalt" anzuschneiden. In den frühen 70er Jahren steht in den Medien, zunächst ohne die Verwendung von Gewalt-Rhetorik, der Skandal um Kindesmisshandlung im Mittelpunkt des Kriminalisierungs-Diskurses um private Gewalt.[22] Abweichende Eltern werden als (unterschiedlich typisierte) Täter identifiziert und geschlagene Kinder als Opfer vorgeführt. Sobald Mitte der 70er Jahre jedoch auch dieser Diskurs mit gesellschaftlichen Brutalisierungstendenzen angereichert wird, unternimmt man mit dem Anprangern von „Verantwortungslosigkeit" innerhalb sozialer Institutionen, wie der Familie, einen weiteren Schritt zur Entwicklung des Verdichtungssymbols „Gewalt" (vgl. ebd., S. 34f). [23]

Von staatlicher Seite erfüllt der Ordnungs-Diskurs um Formen privater „Gewalt" auch die Funktion, das staatliche Gewaltmonopol hervorzuheben (vgl. Cremer-Schäfer/Stehr 1990, S. 34). Das vordergründige öffentliche Moralisieren im Zusammenhang mit „Gewaltverbrechen" hat immerhin, wie bei Steinert (1998) deutlich wird, einen bürgerlichen Staat im Hintergrund, der von Anfang an nicht pazifistisch konstruiert gewesen sei, er schaffe Gewalttätigkeit nicht ab, sondern monopolisiere sie (vgl. Steinert 1998, S. 97). Wird die private Anwendung von „Gewalt" also staatlicherseits zu einer moralischen Frage gemacht oder als Bruch einer allgemein verbindlichen Norm dargestellt, erscheint dies unglaubwürdig; ob und wann „Gewalt" legitim ist, scheint eher eine Frage von Definitionsmacht zu sein als von moralischer Überlegenheit.

---

[21] Der Begriff der „Kriminalisierung" soll auf den komplexen sozialen Herstellungsprozess von „Kriminalität" hinweisen. In diesem wird die Kategorie Kriminalität als Deutungsschablone auf soziale Konflikte und problematische Situationen gelegt. Vgl. Cremer-Schäfer/Steinert 1998, S. 24f; Stehr 2008, S. 320.

[22] Eine („Entdeckungs"-)Geschichte familialer Gewalt (inklusive der „Gewalt gegen Kinder") kann bei Honig (1986, S. 21-49) nachvollzogen werden.

[23] Auch Michael-Sebastian Honig (1986) beschreibt „Gewalt" in Familien als eine soziale Wirklichkeitskonstruktion, die sich nur im Zusammenhang mit ihrer historischen „Entdeckung" als Forschungsgegenstand konstituiert. S. 28-49.

Von jenen drei Prozessen, die zur Etablierung von Gewalt als Verdichtungssymbol führten, tritt an jenem, der die Eingrenzung des legitimen Protests beschreibt, der Staat bzw. politische und ökonomische Interessen im Umgang mit dem „Gewalt-Symbol“ etwas deutlicher in Erscheinung. So lässt sich am symbolischen Kreuzzug gegen den *linken* „Terrorismus“ in der BRD der 70er Jahre, das Definieren von Handlungen als „Terrorismus“ als politischer Schachzug erkennen[24]. Zudem wird an diesem Prozess nachvollziehbar, wie „Gewalt“ zum Symbol gesellschaftlicher „Krisen“ wurde (vgl. Cremer-Schäfer/Steinert 1998, S. 99f/119ff).

Bis Mitte der 70er Jahre haben sich die Konstruktionen „Gewalt“ und „Kriminalität“ in einer Wechselwirkung von staatlichen Institutionen und Medien so weit als Techniken öffentlichen Moralisierens durchgesetzt, dass seitdem in verschiedenen Ordnungsdiskursen und alltäglichen Zusammenhängen auf sie zurückgegriffen wird (vgl. Cremer-Schäfer/Stehr 1990, S. 31/35). Cremer-Schäfer/Stehr weisen auf Gemeinsamkeiten und Implikationen der somit etablierten Verdichtungssymbole hin:

> „[...] ‚Kriminalität‘ und ‚Gewalt‘ haben vor allem gemeinsam, daß sie ein öffentliches Problem als ‚morality play‘ (Gusfield 1989) formen. Es ist der Wettbewerb der Schurken gegen die Anständigen. Sie implizieren beide ein Verständnis von ‚sozialen Problemen‘ als Probleme von Personen (mit Problemen).“ (Cremer-Schäfer / Stehr 1990, S. 35)

Diese Art des Inszenierens wird auch im gesellschaftlichen Umgang mit „Jugendgewalt“ erkennbar, da seitens Politik und Medien moralisiert und generalisiert wird („soziales Problem“) und soziale Professionen zusätzlich auf familiäre, schulische und weitere private Probleme verweisen (Personen mit Problemen).

Ergänzend zum bisher geschilderten Etablierungsprozess gewährt ein Blick in die 80er Jahre weitere Einblicke in Entwicklung und Nützlichkeit vom Symbol der „Gewalt“. In diesem Zeitraum lässt sich eine spezielle Art des Initiierens von Ordnungsdiskursen nachvollziehen, die Cremer-Schäfer und Stehr als „Skandalisierungsfalle“[25] beschreiben. Zu dieser Zeit beginnen auch soziale Bewegungen den medienwirksamen Begriff der Gewalt zu verwenden, um auf ihre Belange aufmerksam zu machen.

---

[24] Cremer-Schäfer und Steinert (1998) beschreiben hierzu beispielsweise auch wie Befürworter eines „starken Staates“ antiautoritäre Gegner auf absurde Weise diffamieren, indem sie Sitzblockaden als „Gewalt“ und Sturzhelme als „passive Bewaffnung“ definieren. S. 97f.

[25] Ausführliche Erläuterungen zur Skandalisierungsfalle finden sich bei Cremer-Schäfer (2000) sowie Cremer-Schäfer und Stehr (1990)

So nutzte beispielsweise die Frauenbewegung die Skandalisierung von „Gewalt" ursprünglich als Verweisungssymbol, um soziale Ungerechtigkeiten und die „männliche Herrschaft" anzuprangern. Wenn die Medien, wie in diesem Fall, den Begriff dann jedoch entgegen der Intentionen der Initiator/innen der Skandalisierung zu einem Verdichtungssymbol machen und mit ihm zugunsten von tradierten sozialen Verhältnissen und institutionellen Ordnungen argumentieren, lässt sich von einer Skandalisierungsfalle sprechen. Im Zuge dieser medialen „Nachbearbeitung" wird die Kritik an gesellschaftlichen Zuständen durch die Skandalisierung der „Normbrüche" spezifischer (Täter-)Individuen und Gruppen verdrängt und sich politischer Botschaften entledigt (vgl. Stehr 2009, S. 110). Auch die öffentliche Diskussion um „Jugendgewalt" rückt meist „jugendliche Intensivtäter" und bestimmte „Problemgruppen" wie „Migranten" oder „Rechtsradikale" in den Mittelpunkt der Beanstandungen, statt gesellschaftliche Konfliktlagen zu beschreiben. Im folgenden Abschnitt wird erkennbar, wie auch soziale Professionen „Jugendkriminalität" und „Jugendgewalt" als Verweisungssymbole benutzen und dadurch riskieren in Skandalisierungsfallen zu geraten.

3.2 Zur Etablierung von „Jugendgewalt"

Der Konstruktionsprozess von „Jugendgewalt" soll in diesem Abschnitt im Bezug auf die historische Beteiligung von Medien, Wissenschaft und sozialen Professionen an der Erzeugung und Problematisierung von „Jugendkriminalität" (ab den 90er Jahren auch explizit von „Jugendgewalt") betrachtet werden. Auch lassen sich im dargelegten Zeitraum strafrechtliche und sozialpolitische Veränderungen auf die angeblich steigende „Jugendgewalt" verzeichnen, die wichtige Referenzpunkte bezüglich des gesellschaftlichen Umgangs mit dem „Phänomen" liefern.

Ein historischer Abriss des Konzeptes der Jugendgewalt, der schon in der wilhelminischen Zeit ansetzt, kann bei Benno Hafeneger (1994) nachgelesen werden. Hier soll jedoch nur verkürzt auf Entwicklungen ab der Nachkriegszeit und vor dem Aufkommen des Gewaltbegriffes eingegangen werden.[26] Mit Referenz auf eine Nachzeich-

[26] Wie in 3.1 bereits erläutert, wird in der Thematisierung „abweichenden" Verhaltens Jugendlicher erst seit relativ kurzer Zeit mit „Gewalt-Vokabular" gearbeitet, also handelt es sich hier genau genommen nicht rein um eine Geschichte der „Jugendgewalt".

nung von Konjunkturen von Theorien und Etiketten in deutschen Jugendkriminalitätsdebatten von Helga Cremer-Schäfer (2010) werden schwerpunktmäßig jüngere Entwicklungen betrachtet.

Die mediale und pädagogische (sowie psychologische, soziologische etc.) Auseinandersetzung mit den „Halbstarken“, die zwischen den 1955er und den 1957er Jahren durch ihre Auftritte mit Motorrädern, „Krawallen“ und sonstigen provozierenden Freizeitaktivitäten, öffentliche Beunruhigung auslösten (vgl. Cremer-Schäfer 2010, S. 196 & Hafeneger 1994), kann als Beispiel für eine frühere Moralpanik um „normabweichendes Verhalten“ Jugendlicher herangezogen werden. Zwar nahm nur eine Minderheit der Jugendlichen an den Aktionen der recht locker und anarchisch geformten „Cliquen“ teil, letztlich wurde jedoch die gesamte damalige Jugend-Generation als ordnungsfeindlich stilisiert (vgl. Hafeneger 1994, S. 110f). Die „Halbstarken-Exzesse“ störten damalige Ordnungsvorstellungen und provozierten das Gewaltmonopol staatlicher Behörden; dies wird auch in der anklagenden Berichterstattung von fehlender Unterordnung, fehlendem Unrechtsbewusstsein sowie Zügellosigkeit deutlich vernehmbar (vgl. ebd., S. 112/116). In der pädagogischen und kriminologischen Diskussion um die „halbstarke Jugend“ finden sich neben stigmatisierenden ätiologische Erklärungen und verständnisvolleren und erzieherischen Betrachtungsweisen auch Rufe nach „scharfem Durchgreifen“. Tatsächlich äußerte sich auch eine zunehmende staatliche Härte in Gegenmaßnahmen wie Warnschüssen, Massenverhaftungen und langer Untersuchungshaft (vgl. ebd., S. 138).

In den 1960er Jahren ist dann eine Wende im gesellschaftlichen Umgang mit jungen, als „kriminell“ diskreditierten, Menschen bemerkbar. Diese Wende ist durch die fachliche Diskussion um „Wohlstandskriminalität“ und „Wohlstandsverwahrlosung“ der Jugend in den 60er Jahren gekennzeichnet. Bis zu jener sei ziemlich wenig Zweifel am Sinn von Kriminalisierung, Zucht und Ordnung, Bestrafen, Einsperren in Gefängnisse und Fürsorgeerziehung aufgekommen (vgl. Cremer-Schäfer 2010, S. 196).

An den Reaktionen auf protestierende Jugendbewegungen und angeblich steigende „Jugendkriminalität“ in den 70er Jahren wird deutlich, dass der modernisierte Komplex von Strafe und Wohlfahrt einen Doppelcharakter bekommen hatte. So traf als radikal geltende „Rädelsführer“ der Bewegungen die strafende Komponente des Komplexes, während jenen, die zu mehr Anpassung bereit waren, die Wohlfahrts-

komponente zuteil wurde indem ihnen beispielsweise Zugang zur Konsum- und Freizeitgesellschaft ermöglicht wurde (vgl. ebd.).
Die Objekte, die von Beginn der 70er Jahre bis zur politischen Wende in den 80er Jahren Anlass zur Diskussion verschiedener Formen „abweichenden Verhaltens“ junger Menschen boten, erscheinen zahlreich: „Jugendkriminalität, das Rockerunwesen, das Rauschgiftproblem, die Gastarbeiter, die Rowdys, die Hausbesetzer, die Startbahngegner, die Chaoten, die Gewaltbereiten.“ (vgl. ebd.) „Jugendgewalt“ reiht sich demnach gewissermaßen in eine Tradition der Problematisierung von „Jugend-Phänomenen“ ein. In Reaktion auf diese Tendenz der Problematisierung von Jugend zeigten soziale Professionen ein verstärktes Interesse am Bereich der „Kriminalität“. Das Bild der „gefährdeten und gefährlichen Jugend“ eignete sich als Legitimationsgrundlage, um sich einen weiteren Forschungs- und Arbeitsbereich zu erschließen:

> „Mit dem Topos ‚Kriminalität als ein Soziales Problem‘ und aus der Perspektive des ‚Pessimismus als pädagogische Triebkraft‘ (Rutschky) versuchten die Sozialwissenschaften und die sozialen Berufe sich die Intervention auf Kriminalität anzueignen und sich darüber als Professionen der Abweichung, nicht nur als Dienste der Strafjustiz zu etablieren.“ (Cremer-Schäfer 2010, S. 196)

Die Durchsetzung der Perspektive des pädagogischen Pessimismus ermöglichte es, dass die Mittel zur Behandlung und Kontrolle „gefährlicher und gefährdeter Jugendlicher“ sozialtechnischer und sanfter wurden. Der Trend entwickelte sich demnach weg von strafenden und hin zu pädagogischen Maßnahmen, wodurch Methoden der Erziehung, Hilfe und Therapie eine „Hochkonjunktur“ im Umgang mit den fraglichen Jugendlichen erfuhren. Auch dem Aufstieg des Konzeptes der Prävention wurde zu Beginn der 80er Jahre der Weg bereitet (vgl. ebd.). Von der sozialpädagogischen Arbeitsfelderweiterung in Bereiche der „Kriminalität“ kann zwar einerseits ein Teil der „Straffälligen“ profitieren, da für sie größere Chancen bestehen, „sanftere“ Maßnahmen auferlegt zu bekommen, andererseits trägt sie, wie noch zu explizieren ist, auch zur Entstehung eines „Soges“ in Kontrollnetzwerke bei.
Der neue Trend schlug sich ab den 80er Jahren auch in strafrechtlichen und sozialpolitischen Reaktionen auf „kriminelle Jugendliche“ nieder:

> „ausschließende Formen der Jugendkontrolle (Jugendstrafe, Fürsorgeerziehung) wurden zurückgedrängt, Jugendhilfe beobachtete und kontrollierte (zeitweise explizit) ihre stigmatisierenden Implikationen, ihre punitiven und einschließenden Maßnahmen. Das Wissen über Verbrechen wurde entmorali-

> siert, Handlungstheorien instrumenteller und sozialtechnischer.“ (Cremer-Schäfer 2010, S. 197)

Einerseits waltete also innerhalb der Institutionen Strafrecht und Jugendhilfe eine gewisse Vorsicht im Gebrauch der eigenen Definitionsmacht, andererseits wurden mit dem Reden über „soziale Sprengsätze“ jedoch Bilder einer „Gefährlichkeit“ der Jugend erzeugt, die dem Mobilisieren der Sozialpolitik dienen sollte. Diese Vorgehensweise stellt sich allerdings in ihren Folgen problematisch dar; für die Objekte dieser pessimistischen Darstellungen birgt sie die Gefahr sozialer Diskreditierung, der Legitimation von „kontrollierender Integration“ und sogar von zuvor schwer durchsetzbaren Praxen sozialer Ausschließung, z.B. jene „sozialen Sprengsätze“ einfach auszuweisen oder wegzusperren (vgl. ebd., S. 197). Hierin zeigt sich, dass für sozialpädagogische Fachkräfte und Wissenschaftler/innen, sofern sie der Vermeidung eines solchen Effekts gegenüber „pädagogischen Dramatisierungsgewinnen“[27] Vorrang einräumen möchten, ein reflexiver Umgang mit der eigenen Funktion im öffentlichen Diskurs als „präventives Mittel“ erweisen könnte. Beispielsweise, um nicht ungewollt an der Rehabilitierung von Strafmaßnahmen mitzuwirken.

Auf theoretischer Ebene sorgte vor allem die ätiologische Hervorbringung von „sozialen Ursachenfaktoren“ und naturalisierenden Theorien von „Delinquenz“ dafür, dass Jugendliche zu Objekten präventiver Maßnahmen und anderer Interventionen gemacht werden konnten (vgl. ebd., S. 197f). Auch hier drückt sich eine neue sozialwissenschaftlich-empirische Argumentation aus, die zum Helfen und (Nach-)Erziehen aufruft, wo früher eher moralisiert und gestraft wurde, zugleich aber ihren „Forschungsobjekten“ ein situativ sinn- und zweckhaftes Handeln abspricht (vgl. ebd., S. 196ff).

Prozesse, die ab Anfang der 90er Jahre letztlich zur Durchsetzung der Bezeichnung „Jugendgewalt“ zum Etikettieren bestimmter Aktivitäten von jungen Menschen, führten, stellt Johannes Stehr (2009) zusammen. Er beschreibt vier Problematisierungsprozesse, die zur Etablierung der Konstruktion „Jugendgewalt“ geführt haben, indem er politische und gesellschaftliche Kontexte einbezieht (vgl. Stehr 2009, S. 110f).

Verkürzt lassen sich die Problemkonstruktionen folgendermaßen erfassen: 1) Die Problematisierung von ‚Gewalt in der Schule‘ durch die Gewaltkommission der Bundesregierung und pädagogischem Personal von Schulen, 2) die politisch-mediale

[27] Der Ausdruck ist Heiner Barz (2000) entliehen.

Skandalisierung von Übergriffen Jugendlicher auf Fremde (‚Skinheads‘, ‚rechte/rechtsextreme Gewalt‘, ‚Nazi-Kids’), 3) die Problematisierung der Austragung von Konflikten und Rivalitäten zwischen städtischen Jugendcliquen (‚multikulturelle Jugendbanden‘), 4) die Problematisierung der Kampfrituale von Fußballfans (‚Randale von Hooligans‘), die, wie auch die unter 3) genannte, kraft einer Zusammenarbeit von Polizei und Geschäftswelt vorangetrieben wurde (vgl. ebd., S. 111).
Diese vier Problematisierungen, die durch die Medien dann zu „Jugendgewalt“ verdichtet wurden, regen bis heute Diskussionen an, welche mit Vorliebe „gewalttätige Jugendliche“ zu einer Problem-Gruppe und somit zur Zielscheibe für Diskreditierungen, Kontrolle und Korrekturen machen. Die Schwierigkeiten, die jungen Menschen durch Interessensvertretungen mächtiger Akteure anhand des Vorwandes der „Jugendgewalt“ entstehen, wirken dabei zum Teil wie ein gebilligtes „Nebenprodukt“. Dies wird beispielsweise deutlich, wenn Stehr die Skandalisierung der „rechtsextremen Gewalt“ als „politisch-mediale Begleitmusik“ beschreibt, die zur parallel stattfindenden Verschärfung des Ausländer- und Asylrechts und der Wiedervereinigung von West- und Ostdeutschland gespielt wurde.
Stehr kritisiert, dass Widersprüche und Ambivalenzen, die durch das Einbeziehen breiterer gesellschaftlicher Zusammenhänge vernehmbar gemacht werden könnten, im Rahmen der Skandalisierung von „Jugendgewalt“ keine Beachtung fänden. Er weist auf die verzerrende Wirkung des Konzeptes der „Jugendgewalt“ hin:

> „Der Problemeintopf ‚Jugendgewalt‘ blendet all diese Kontexte aus, er negiert die politischen, gesellschaftlichen und kulturellen Zusammenhänge und führt sie auf ein identisches Problem - das ‚der Gewalt‘- zurück, die dann dem konstruierten ‚Volksteufel‘ Jugend ursächlich zugeschrieben wird.“ (Stehr 2009, S. 111)

Das „Problem“ wird also personalisiert, indem man sich seine Kontextualisierung spart und direkt dazu übergeht, es als eigenständiges Phänomen einer verwahrlosten und verrohten Jugend zu beschreiben und zu erforschen (vgl. ebd.).
Eine geschichtliche Darstellung von „Jugendgewalt“ erscheint gewissermaßen paradox, da Debatten, durch die „Jugendgewalt“ hervorgebracht wird, historische Kontexte eher ausblenden und vermutlich auch nur dadurch einen Sensationseffekt erzielen können. Um zu einer Geschichte von „Jugendgewalt“ als soziale Konstruktion zu kommen, müssen Kontexte jedoch (wieder) eingeblendet werden.

Hinsichtlich des Umgangs sozialer und pädagogischer Professionen mit der gefährlichen Jugend, zeigt der Rückblick, dass begonnen wurde, die öffentliche Aufmerksamkeit zur Gewinnung von Ressourcen zu nutzen. Dies kann zwar auch Adressat/innen zugute kommen, ist aber dennoch ein riskanter Schritt, da die Weiterverwendung des hervorgebrachten Wissens bzw. der „pädagogischen Botschaften“ mit dem pädagogische Maßnahmen legitimiert werden sollen, nicht von den Urheber/innen kontrolliert werden kann. Dies drückt auch das Konzept der Skandalisierungsfallen aus (siehe Kap. 3.1). Immerhin hat sich zu Zeiten des populistischen Wahlkampfes von Roland Koch im Jahr 2008 schon gezeigt, dass sich eine öffentliche Skandalisierung von „Jugendgewalt“ durchaus gegen behutsame pädagogische „Lösungen“ richten kann, z.B. wenn gefordert wird, es solle Schluss sein mit der „Kuschelpädagogik“, da Erziehungscamps und Boxtraining die effektivere Art seien das Problem anzugehen.[28]
Wie auch aus den Kapiteln 1 und 6 hervorgeht, enden die öffentlichen und wissenschaftlichen Debatten jedoch nicht in den 90er Jahren; manche werden fortgeführt und zuweilen neue begonnen, wodurch dem metaphorischen Problemeintopf weitere „Zutaten“ hinzugefügt werden.[29] In einigen Texten wird explizit unter dem Überbegriff der Jugendgewalt (oder der Jugendkriminalität) diskutiert, andere beziehen sich dagegen nur implizit auf die Konstruktion, indem sie z.B. „Wissen“ voraussetzen, das in (Re-)Produktionsprozessen von „Jugendgewalt“ hervorgebracht wurde.

3.3 Anmerkungen zur Erfindung der Jugend

In den obigen Darstellungen wird durch den Fokus auf dem Symbol der Gewalt dort angesetzt, wo Jugend bereits mit irgendeiner Art „abweichendem“ und „unerwünschtem“ Verhalten in Verbindung gebracht wird. Da das Konstrukt der Jugendgewalt jedoch nicht nur Anleihen an das Verdichtungssymbol Gewalt, sondern auch an das Konzept der Jugend macht, soll der geschichtliche Abriss hier noch durch einige Anmerkungen zum Hintergrund der gesellschaftlichen Bedeutung der Jugend ergänzt werden.

---

[28] Vgl. Frankfurter Rundschau, 64. Jahrgang, Nr.2, S. 1-9, 03.01.‘08

[29] Hierzu auch Stehr 2009 und Cremer-Schäfer 2010

Der Begriff der Jugend mag einige positive Assoziationen hervorrufen und als Projektionsfläche für Hoffnungen bezüglich einer „besseren Zukunft“ der Gesellschaft dienen. Jugend, so Benno Hafeneger zu derartigen Hoffnungen, solle durch die professionell organisierten Entwicklungs- und Sozialisationsprozesse eine möglichst reibungslose und kontrollierte Kontinuität der weiteren Entwicklung von Politik, Gesellschaft und Kultur sichern (vgl. Hafeneger 1994, S. 10). Die Kategorie „Jugend“ ist mit gesellschaftlichen Erwartungen versehen und wird durch Institutionen der Erwachsenengesellschaft definiert; das lässt sich mit der Bezeichnung „Jugendbilder“ ausdrücken (vgl. Hafeneger 1995).

Roland Anhorn macht nachvollziehbar, dass „Jugend“ schon seit den Anfängen seiner Konstruktion kein „unbeflecktes“ Konzept war, sondern stets den Verdacht von Gefahr angehängt bekam (vgl. Anhorn, 2010). Die Konstitution von Jugend als Projektionsfläche für unerwünschte und erwünschte Zukunftsszenarien lässt sich hinsichtlich ihrer Funktion innerhalb von Herrschaftsverhältnissen betrachten, was in der Konsequenz bedeutet, „Jugend“-Darstellungen keineswegs als selbstverständlich oder neutral hinzunehmen. Anhorn beschreibt Jugend als ein Medium, das sich zur Verständigung – im Sinne von Herstellung, Legitimation und Selbstvergewisserung – über die Macht- und Herrschaftsordnung einer Gesellschaft nutzen lässt (vgl. ebd., S. 23).[30]

Indem er die Erfindung von Jugend historisch rekonstruiert, zeigt Anhorn, dass es sich bei dieser „Lebensphase“ nicht um ein naturgegebenes Phänomen handelt, das sich getrennt von sozialen und kulturellen Kontexten betrachten lässt. In diesem Sinne wird eine tiefgreifende Relativierung der Kategorie „Jugend“ vorgenommen und gegen die vorherrschende Vorstellung einer Trias aus bio-psycho-sozialen Momenten der Entwicklung gehalten (vgl. ebd., S. 25f).

Die wesentlichen gesellschaftlichen Bedingungen für die Entwicklung des Konzepts der „Jugend“ werden dem späten 19. und frühen 20. Jahrhundert zugeordnet. Einem Zeitraum also, der auf politisch-gesellschaftlicher Ebene Klassenkonflikte, Emanzipation und den Nationalsozialismus umfasst und somit tiefgreifende Veränderungen beinhaltet, die in der Bevölkerung zum Teil Unsicherheit und den Eindruck einer Bedrohung der „guten“ gesellschaftlichen Ordnung erzeugten (vgl. ebd., S. 26). In die-

[30] Als ein Beispiel für einen solchen Verständigungsprozess wird auch die Problematisierung von „Jugendgewalt“ ab den 1990er Jahren genannt.

sem Kontext habe „Jugend“, so Anhorn, ein Element in einem ganzen Ensemble von Instrumenten zur (Neu-)Ordnung der Gesellschaft dargestellt (vgl. ebd., S. 26f). Dabei wurden „proletarische“ Jugendliche besonders mit öffentlicher Aufmerksamkeit bedacht; sie wurden aufgrund ihrer quantitativen Präsenz, bedingt durch das Bevölkerungswachstum, und ihrer „frühreifen“ Selbständigkeit, die sie durch eigenständige Lohnarbeit im aufkommenden Industriekapitalismus erlangten, verstärkt als „unkontrollierter“ Bevölkerungsteil betrachtet (vgl. ebd., S. 27).

Eine solche Darstellung der historischen Ausgangssituation zeugt von einem weniger idealisierenden Blick auf „Jugend“; schon seit ihrer „Erfindung“ scheint ihr das Etikett der „Gefährlichkeit“ angedichtet zu werden. Unter dem Vorwand der „Gefährlichkeit“ wird Jugend nicht nur zum brauchbaren Medium zur Vermittlung von Regeln und Normen (zur Herstellung von „Ordnung“ und „Sicherheit“) und zur Austragung von gesellschaftlichen Konflikten, sondern auch zu einer geeigneten Legitimation für repressive Vorgehensweisen gegen Formen der „Abweichung“, z.B. Kontrolle, Überwachung und Disziplinierung (vgl. ebd., z.B. S. 24). Bei Peter Gstettner (1981) lässt sich, ergänzend hierzu, auch die Bedeutung von ökonomischen Interessen an der Nutzbarkeit von Menschen in der Geschichte der Disziplinierung und wissenschaftlichen „Eroberung“ von Kindern und Jugendlichen nachvollziehen.[31]

Anhorn zeichnet exemplarisch am wissenschaftlichen Diskurs die gesellschaftliche Dauerproblematisierung des Jugendalters nach. Wie auch die breitere Öffentlichkeit, findet der wissenschaftliche Diskurs einen Kristallisationspunkt in der Jugendkriminalität (vgl. ebd., S. 28f). Jedoch scheint auch das Konzept der Entwicklung in Jugenddiskursen und somit auch im gesellschaftlichen Umgang mit jungen Menschen eine zentrale Funktion zu erfüllen. Wie im obigen Zitat von Hafeneger (1994) angedeutet, sind Entwicklung und Sozialisation keine „ergebnisoffenen“ Konzepte, die etwa einen Zeitraum der „freien Entfaltung“ darstellen, sondern scheinen vielmehr dem Einfordern von Anpassungsleistungen zu dienen.

Auch beinhaltet Entwicklung, die als eine Grundprämisse der wissenschaftlichen Thematisierung von „Jugend“ betrachtet werden kann, die Vorstellung einer zeitlich geordneten Abfolge von Phasen. In Anlehnung an Michel Foucault beschreibt Anhorn diese Auffassung von Entwicklung als eine Machttechnik der Disziplinierung

[31] Besonders in den Kapiteln über „die Vorherrschaft der positiven Ökonomie“ und „Pädagogisierungstendenzen in der Fabrik-Gesellschaft“ (S. 56-89).

und Kontrolle (vgl. ebd., S. 29).[32] Seiner Kritik der gegenwärtig populären Rekapitulationstheorie lässt sich des Weiteren entnehmen, dass gängige Phasenmodelle neben dem Zeitfaktor auch qualitative Hierarchien enthalten. Demnach wird der „Jugend“ im Generationenverhältnis ein „niederer“ Status zugewiesen, was zur Folge hat, dass es möglich ist, Jugendliche, im Gegensatz zu Erwachsenen, als primitiv, irrational, unreif etc. zu betrachten. Hierbei erscheint vor allem das Etikett der „Unreife“, das zugleich eine gewisse Manipulierbarkeit impliziert, als nützliche Legitimationsgrundlage für Steuerungs-, Überwachungs- und Kontrollmaßnahmen (vgl. ebd., S. 30ff). Indem Kinder und Jugendliche aber als derartig beeinflussbar betrachtet werden, erscheint die Frage danach, wer sie beeinflussen soll, von enormer Bedeutung. So wird beispielsweise der Einfluss von Peer-Gruppen problematisiert oder gar als „Risikofaktor“ bezeichnet, während sich von pädagogischer Anleitung erhofft wird, nützliche Gesellschaftsmitglieder hervorzubringen (vgl. ebd., S. 31f/35).

Obwohl in diesem Abschnitt nur ein oberflächlicher Einblick in die Konzipierung „der Jugend“ erfolgt ist, können zumindest grob drei Blickwinkel unterschieden werden: 1/ Auf *gesellschaftlicher Ebene* bietet sie eine Projektionsfläche für Hoffnungen und Ängste bezüglich der Zukunft und wird sogar gewissermaßen interaktiv als Medium genutzt, über das sich über zu teilende Moral, Werte und Regeln ausgetauscht wird. 2/ Insofern eignet sich Jugend von *staatlicher Seite* schon seit ihrer „Erfindung“ als Herrschafts- und Ordnungsinstrument, indem staatliche Definitionsmacht dazu gebraucht wird, um durch die Problematisierung (bestimmter) „Jugendlicher“, politische Kurse zu stärken. 3/ Die hier erwähnte *wissenschaftliche Thematisierung* von Jugend, die ja in Auseinandersetzung mit den beiden vorhergehenden Instanzen geschieht, lässt ganz unterschiedliche Blickwinkel erkennen. Der Jugendforschung kann aufgrund der Konstruktionen von qualitativ unterschiedlichen Lebensphasen und Szenarien der „Gefährlichkeit“ und „Gefährdung“ die Auffassung einer defizitären und unfertigen Jugend unterstellt werden. Aus einer kritischen Perspektive hingegen, wird „Jugend“ als sozial-geschichtlich konstruiertes Konzept und „Entwicklung“ als Machttechnik betrachtet.

---

[32] Foucault (1994, S. 207, zit. n. Anhorn 2010, S. 29) beschreibt den Fortschritt der Gesellschaften und die Entwicklung der Individuen als große „Entdeckungen“ des 18. Jahrhunderts. Siehe hierzu auch Peter Gstettners Kritik am Konzept der Entwicklung und der Entwicklungspsychologie (z.B. S. 93-180).

Die Koppelung einer „defizitären“ oder „unreifen“ Jugend mit dem Verdichtungssymbol der „Gewalt“ vereint also zwei symbolisch schwer beladene und doch unscharfe Begriffe zu einer nützlichen Konstruktion:

> „Wird ‚Jugend‘ und ‚Gewalt‘ zusammengedacht, verdichten sich gesellschaftliche Zuschreibungen von Gefährdung, Abweichung und Gefährlichkeit. [...] Der allgemein gehaltene negative Verweis auf die Jugend, die per se als defizitär, problematisch und erziehungsbedürftig definiert ist, wie auch die Schwammigkeit des moralisch aufgeladenen Gewaltbegriffs machen deutlich, dass Jugendgewalt im gesellschaftlichen Diskurs eine ‚soziale Zensur‘ darstellt, eine Kategorie der Denunziation und moralischen Verurteilung, deren Funktion es ist, gesellschaftliche Positionen zuzuweisen und zu legitimieren.“ (Stehr 2009, S. 108)

3.4 Skandalisierung zwischen Wissenschaft und Medien

In den bisherigen Darstellungen werden als Akteure immer wieder die Massenmedien und verschiedene wissenschaftliche Disziplinen bezüglich ihrer Mitwirkung an der Etablierung des Skandalisierungskonzeptes der „Jugendgewalt“ erwähnt. Das Zusammenwirken von Medien und Wissenschaft wurde vermutlich in der Beschreibung von „Gewalt“ als Verdichtungssymbol für allerlei ordnungsstörendes Verhalten am deutlichsten ersichtlich. Wenn demnach beide Akteure, d.h. nicht nur die häufig beschuldigten Medien daran beteiligt sind, Konstruktionen wie „Jugendgewalt“ herzustellen, wie kann dann im Rahmen wissenschaftlicher Arbeit reflexiv mit der wissenschaftlichen Beteiligung an Skandalisierungen umgegangen werden?

In seiner Beschreibung des „wissenschaftlich-medialen Verstärkerkreislaufes“ nimmt sich Oliver Brüchert (2008) eben dieser Problematik an, indem er das Verhältnis von Massenmedien und Wissenschaft untersucht. Als Ausgangspunkt dient die Fragestellung, wie wissenschaftliches Wissen von den Medien verarbeitet wird.

Die erste These zur Klärung dieser Frage besagt, dass wissenschaftliche und massenmediale Diskurse über Abweichung, Kriminalität und soziale Ausschließung untrennbar miteinander verknüpft seien. Vor allem im Zeitalter der Kulturindustrie gäbe es keine Wissenschaft, die frei von öffentlichen, medialen Einflüssen sei, aber auch keine medialen Dramatisierungen ohne die Mitwirkung von wissenschaftlichen Experten (vgl. Brüchert, 2008, S. 230).

Mit der Erörterung von Ursachen für die Konvergenz zwischen Wissenschaft und Medien wird gleichzeitig die These zu ihrer kontinuierlichen, *wechselseitigen* Beeinflussung untermauert: Brüchert zufolge liegen strukturelle Ursachen nämlich in der wissenschaftlichen sowie in den journalistischen Produktionsbedingungen[33]. Es ist in derzeit vorhandenen Strukturen demnach gar nicht möglich, sich der wechselseitigen Beeinflussung zu entziehen (vgl. ebd., S. 231).

Auf Seiten der Journalist/innen lässt sich, so belegt es Brüchert mit seinen Forschungsergebnissen, ein klar instrumentelles Verhältnis zu wissenschaftlichen Experten, vor allem sogenannten „Medienprofessoren", erkennen. Da eine Instrumentalisierung ebenso von Seiten der Wissenschaftler/innen stattfindet, entsteht ein Verstärkerkreislauf: Expert/innen werden von Journalist/innen herangezogen, damit sie möglichst gut zu verarbeitende „Informationshappen" wissenschaftlichen „Wissens" bereitstellen, während die Expert/innen selbst auch von dieser Geschäftsbeziehung profitieren, da die Medienpräsenz ihr Ansehen steigert. Das Ansehen eines Wissenschaftlers/einer Wissenschaftlerin ist wiederum ein entscheidendes Kriterium, um von den Medien auch weiter rekrutiert zu werden, da sein/ihr Bekanntheitsgrad bei Journalist/innen als Qualitätsmerkmal gilt (vgl. ebd., S. 231f). Wer und was zur Öffentlichkeit durchdringt, scheint an die „Gesetze" dieses Kreislaufes gebunden.

Wie auch pädagogisches Expertenwissen zu „Jugendgewalt" in den Medien zu knappen und dem Alltagsverstand zugänglichen Erklärungen reduziert wird, wird beispielsweise im, in Kapitel 1 zitierten, Artikel „Prügeln ohne Grenzen" demonstriert. Cremer-Schäfer zufolge zeichnete sich auch die „Jugendgewalt"-Kampagne der 90er-Jahre durch eine starke Präsenz von Fachleuten, Expert/innen und Wissenschaftler/innen als „primäre Definierer" in der medialen Öffentlichkeit aus (vgl. Cremer-Schäfer 2001, S. 17). Der wissenschaftlich-mediale Verstärkerkreislauf hat demnach einen wesentlichen Anteil an der Etablierung der sozialen Konstruktion von „Jugendgewalt".

Auch kann davon ausgegangen werden, dass Jugendlichen, Jugendkulturen und Szenen nicht entgeht wie viel Aufhebens um sie gemacht wird. Daher können auch sie die mediale Öffentlichkeit nutzen um (u. a. durch die Beteiligung an Schlägereien) Prominenz zu erlangen (vgl. Cremer-Schäfer/Steinert 1998, S.140).

[33] Hierzu zitiert Brüchert auch Werner Lehne (1996, S. 303f), der beispielsweise zu bedenken gibt, dass kulturindustrielle Produktionsbedingungen Nachrichten zu einer Ware machen und eigene Regeln der Zensur besitzen (vgl. ebd., S. 234).

4 Zu Moralpaniken und sozialer Kontrolle nach Stanley Cohen

Schockierende Geschichten über „Gewalttaten" Jugendlicher, die durch die Medien gehen, sowie die wissenschaftliche Konstruktion von „Jugendgewalt" bringen unterschiedliche „Täter"-Typen und -Gruppen hervor. Dabei kann es sich in einer Phase um rechtsextreme Jugendliche und in einer späteren um Jugendliche mit Migrationshintergrund handeln usw. Das Konzept der „Jugendgewalt" bzw. die weit zurückreichende (öffentliche) Empörung über abweichendes Verhalten junger Menschen sowie die neuere z.T. rationalere Thematisierung, scheint dem Fokussieren auf unterschiedliche Objekte einen stetigen Bezugsrahmen im Sinne einer symbolischen Ressource zu geben. „Jugendgewalt" lässt sich daher auch als verstetigte Moralpanik beschreiben, die zwar nicht durchgehend, aber „zuverlässig" immer wieder aufkommt (vgl. Stehr 2009, S. 112).

Auch Soziale Arbeit und Sozialpädagogik nehmen in der Verarbeitung dieser Moralpanik eine Position ein, die einer Forderung nach Reflexivität, d.h. auch nach der Frage welche Möglichkeiten das eigens erzeugte „Wissen" für den praktischen Umgang und die weitere wissenschaftlich-mediale Verarbeitung des Phänomens „Jugendgewalt" hat, Nachdruck verleiht. Einerseits, so Johannes Stehr, böten die diversen Moralpaniken über die „gefährliche und gefährdete Jugend" Gelegenheiten, Forderungen nach sozialpolitischen Maßnahmen und einem Ausbau der Sozialen Arbeit zu formulieren; auf der anderen Seite leiste sie damit einer Politik Vorschub, die auf Ausbau von Kontrolle und Überwachung, Verstärkung von Disziplinierung und Abbau von Rechten ihrer Adressaten ziele (vgl. Stehr 2008, S. 328). Moralpaniken können demnach genutzt werden, in der Verwaltung von „Abweichungen" ein kontrollierendes und repressives Vorgehen zu legitimieren und auszubauen.

Reaktionen auf Moralpaniken haben in herrschenden Konzepten sozialer Kontrolle ein Bezugssystem. Die Formen und die Reichweite sozialer Kontrolle in westlichen Gesellschaften sind jedoch, nach Stanley Cohen (1985), nicht statisch, sondern wandelbar und weisen im Umgang mit jungen Menschen einige Besonderheiten auf. Daher soll im Folgenden zunächst das Konzept der Moralpaniken – als Deutungsmöglichkeit dramatisierender Debatten um „Jugendgewalt" – dargelegt werden und im

Anschluss auf Konzepte und Formen sozialer Kontrolle – als weiterer Rahmen für Reaktionen auf „Devianz“ – eingegangen werden.

4.1 „Jugendgewalt“ als Moralpanik

Der Begriff der Moralpanik, wie in der vorliegenden Arbeit verwendet, stammt von Stanley Cohen, der ihn im Rahmen seiner Untersuchung über die gesellschaftliche Verteufelung der „Mods“ und „Rocker“ in England in den 60er Jahren ausarbeitet. Das Konzept der Moralpanik wurde auch von Helga Cremer-Schäfer und Johannes Stehr (siehe Kap. 3.1.2.) zur kritischen Untersuchung deutscher „Jugendkriminalität“- und „Jugendgewalt“-Kampagnen aufgegriffen.

In der Einleitung zur dritten Auflage seiner Studie beschreibt Cohen, unter Einbeziehung jüngerer Ereignisse in Großbritannien, typische Charakteristika einer Moralpanik. Die diskursiven Formeln und Objekte mit denen gearbeitet wird, hält er für berechenbar. Eine Formel, die auch Helga Cremer-Schäfer mit der Metapher der „Spitze des Eisberges“ beschreibt, besagt, dass das jeweilige Phänomen zwar schon an sich Schaden anrichtet, gleichzeitig aber nur ein Warnsignal für einen „tiefer“ liegenden und verbreiteteren Zustand darstellt. Eine andere Formel berücksichtigt die Alltags- bzw. Expertenperspektiven auf das Phänomen: Es muss einerseits durchschaubar genug sein, dass „jeder erkennen kann, was vor sich geht“ (also aus einer Alltags-Perspektive beurteilbar), andererseits aber noch so undurchsichtig, dass es Experten braucht um seine verborgenen Gefahren zu enthüllen, d.h. auch komplex genug, um wissenschaftliche Bearbeitung zu legitimieren (vgl. Cohen 2002, S. viii).

Übliche Objekte von Moralpaniken identifiziert Cohen in sieben „Merkmal“-Clustern sozialer Identität. Dabei erscheint bemerkenswert, dass sowohl das 1.: jung, der Arbeiterklasse entstammend, gewalttätig und männlichen Geschlechts, als auch das 2.: Gewalt in der Schule: Mobbing und Schießereien, auch im deutschen Jugendgewalt-Diskurs wiedergefunden werden können (vgl. ebd., viii-xiii).[34] In seinen Ausführungen zum 1. Cluster schildert Cohen beispielhaft zwei Fälle, in denen ein Kind bzw. ein Jugendlicher von anderen Kindern bzw. Jugendlichen getötet wurde und die im

[34] Cohen beobachtet, dass in England atypische Fälle durch Moralpaniken in allgemeinen Kategorien der Verbrechensbekämpfung verdichtet werden. So gibt es in England in dem Ausdruck „juvenile violence“ ein Pendant zur deutschen Bezeichnung (vgl. ebd.; S. x).

großen Stil, d.h. auch unter Beteiligung von Politik, Kirche, Polizei und Wissenschaft, öffentlich diskutiert wurden. Während der Fall „James Bulger" zu einer Moralpanik ausartete, stockte dieser Prozess im Fall des schwarzen 18-jährigen „Stephen Lawrence". Indem er die Rahmenbedingungen des zweiten Falles beleuchtet, bestimmt Cohen drei Elemente einer erfolgreichen Moralpanik aus dem Negativen:

> „First, a *suitable enemy*: a soft target, easily denounced, with little power and preferably without even access to the battlefields of cultural politics. Clearly not the British police. Second, a *suitable victim*: someone with whom you can identify, someone who could have been and one day could be anybody. Clearly not inner-city young black males. Third, a consensus that the beliefs or action being denounced were not insulated entities ('it's not only this') but integral parts of the society or else could (and would) be unless 'something was done'. Clearly if there was not institutionalized racism in the police, there could not be in the wider society." (Cohen, 2002, S. xi)

Daraus geht hervor, dass die Objekte einer Moralpanik keineswegs beliebig sind, sondern gewisse Kriterien erfüllen müssen.[35] Da der „Feind" bestenfalls mit wenig Macht ausgestattet, aber für die Zuschreibung von Bedrohlichkeit präsent bzw. „auffällig" sein sollte, während „Opfer" im Vergleich einen „normaleren" oder zumindest akzeptierteren sozialen Status haben sollten, erscheint es bedeutend für den Erfolg einer Moralpanik, welche und wie große Teile der Bevölkerung mit den jeweiligen „Opfern" sympathisieren.

Während Cohen, 1972, Moralpaniken um Jugend*kulturen* als den in Großbritannien häufigsten Typ von Moralpaniken beobachtet, sieht Stehr, 2009, in Deutschland generell Debatten um Jugendliche, deren Verhalten als delinquent bzw. gewalttätig etikettiert wird, als den am häufigsten wiederkehrenden Typ von Moralpaniken. Auch die „Objekte" gegenwärtiger deutscher Jugendgewalt-Diskurse lassen sich nicht unbedingt als Jugendkulturen beschreiben; eher werden in der wissenschaftlich-medialen Verarbeitung Paria-Populationen, z.B. aus „unteren" sozialen Schichten, konstruiert. In diesem Fall wäre eher die Klassifizierung *der* „gewalttätigen Jugendlichen" durch ihre „Definierer/innen" und weniger eine eigene Zuordnung seitens der Jugendlichen einheitsstiftend.

---

[35] Cohen beschreibt im Zusammenhang mit der Diskussion um Stephen Lawrence, dass die Polizei, obwohl ihr Rassismus und Inkompetenz vorgeworfen wurde, letztlich nicht zum Feind taugte, da sie die Macht besaß, die Vorwürfe abzuwehren und zudem von der Presse des rechten Flügels unterstützt wurde (vgl. Cohen 2002, S. xi).

Cohen vertritt die Auffassung, dass nicht alle Moralpaniken bedeutende Folgen nach sich ziehen, manche aber durchaus ernsthafte und lang-anhaltende Auswirkungen, wie Veränderungen in der Rechts- und Sozialpolitik, haben (vgl. ebd., S. 1). Einen Einblick in mögliche Auswirkungen wird gegeben, indem „Hilfs- und Heilungsphasen“ beschrieben werden, die in Reaktion auf die Aufregung um „Mods“ und „Rocker“ eintraten (vgl. ebd., S. 59). Zu diesem Zweck werden organisierte Reaktionen offizieller Agenten sozialer Kontrolle wie beispielsweise von Polizei, Gerichten und Wohlfahrtsorganisationen, also jener Instanzen, die für das „Einschreiten“ verantwortlich sind, in Augenschein genommen. Diese Instanzen wurden, wie auch breitere Bevölkerungsteile, in der Aufregung der Moralpanik für das „Problem“ mit dem destruktiven Verhalten der Jugend sensibilisiert und tragen durch ihre organisierten Reaktionen eine erhebliche Verantwortung für die Ausmaße der Problematisierung (vgl. ebd., S. 65f).

In der Kontrollpraxis, die sich in Reaktion auf „Mods“ und „Rocker“ entwickelte, unterscheidet Cohen drei übliche Elemente: *Ausbreitung* bezieht sich auf eine sukzessive Streuung ausgehend vom ursprünglichen Ort des Geschehens, indem sich immer mehr und höhere Kontrollinstanzen einschalten (im untersuchten Fall bis hin zu Scotland Yard und dem Parlament). *Eskalation* beschreibt, dass auch Reichweite und Intensität der Kontroll-Kultur anwachsen. Es setzt sich die Überzeugung durch, dass beunruhigende Ereignisse wieder geschehen, schlimmer werden und sich womöglich ausbreiten könnten, womit der Grundstein für die Legitimation präventiver und punitiver Maßnahmen gelegt ist (vgl. ebd., S. 67f). *Innovation* meint Vorschläge oder die tatsächliche Umsetzung neuer Methoden der Kontrolle (z.B. die Konfiszierung von Motorrollern oder Zwangsarbeitslager) alternativ oder ergänzend zur Anwendung bereits üblicher Sanktionen.

Cohens Untersuchung bezieht sich allerdings hauptsächlich auf Ereignisse in Großbritannien, die gut fünfzig Jahre her sind, und darf daher die Analyse aktueller Diskurse in der Bundesrepublik nicht „voreinstellen“. Auch wird bei Cremer-Schäfer (2001) deutlich, dass deutsche Moralpaniken um die „gefährliche und gefährdete Jugend“ zwar in der öffentlichen Rhetorik stets die Form von „Feindbildkampagnen“ annahmen, während sich rückblickend in den institutionellen Reaktionen auf praktischer Ebene jedoch ein Prozess der Entpönalisierung und Pädagogisierung verzeichnen lässt (vgl. Cremer-Schäfer 2001, S. 16). In jedem Fall zeigt Cohens Beschreibung von ernsthaften Folgen der Moralpanik um „Mods“ und „Rocker“ aber, dass ein reflexiver Umgang mit skandalisierten Jugend-Phänomenen ein sinnvolles Vorgehen darstellt. Immerhin bleibt es nicht unbedingt bei öffentlicher Empörung, Sensationsberichten in den Medien und populistischen Kampagnen, also beim Reden und Schreiben über die „gefährlichen Jugendlichen“. „Probleme“ verlangen bekanntlich nach „Lösungen“ und diese können in strukturellen Veränderungen im Straf- und Kontrollsystem bestehen, wobei es fraglich, aber unwahrscheinlich erscheint, dass diese nach Abflauen der Aufregung einfach wieder rückgängig gemacht werden.

4.2 Vom Wandel und Formen sozialer Kontrolle und der Entwicklung eines klassifizierenden Stufenmodells

Während Cohen in seiner Studie über die britischen „Mods“ und „Rocker“ Moralpaniken und ihre Konsequenzen beschreibt, bietet seine Arbeit „Visions of Social Control. Crime, Punishment and Classification.“ (1985) eine umfassende Analyse historischer, derzeitiger sowie potentiell zukünftiger Entwicklung von herrschenden Konzepten („master patterns“) sozialer Kontrolle in westlichen Gesellschaften. Anhand dieser und einer weiteren Arbeit des Sozialforschers lassen sich Formen sozialer Kontrolle sowie grundlegende Veränderungen im „Kontrollnetz“ und ihre Bedeutung für den Umgang mit jugendlichen „Delinquenten“ beschreiben.

Die zentralen Aspekte des ersten Wandels von Systemen sozialer Kontrolle, wie er sich in mehreren industriellen Gesellschaften vollzog, lassen sich skizzieren als die zunehmende Einmischung des Staates, die zunehmende Klassifikation devianter Gruppen in Typen und Kategorien, die zunehmende Zuweisung devianter Populationen in Asyle (von welchen das Gefängnis als die präferierte Form der Strafe hervorzuheben ist) sowie die Verlagerung von Strafe und Repression vom Körper auf den Geist und von der Öffentlichkeit in abgeschirmte Räume (vgl. Cohen 1985, S. 13f).

Den zweiten und höchst widersprüchlichen „Wandel“ des Systems der sozialen Kontrolle von Devianz beschreibt Cohen als „Destrukturierungsimpuls“. Dieser wurde ab den 60er Jahren von unterschiedlichen, z.T. aus dem inneren Kern des Kontroll- und Strafsystems stammenden, Kritiker/innen in Gang gebracht. Dieser Destrukturierungsimpuls setzt sich aus unterscheidbaren, aber sich häufig überschneidenden Destrukturierungs-Bewegungen, wie Dezentralisierung, Deprofessionalisierung, Deinstitutionalisierung und dem aufkommenden Neo-Klassizismus, zusammen (vgl. ebd., S. 31).[36]

Die Kluft zwischen dem was die Rhetorik jener Bewegungen verspricht und der Realität des aufkommenden Systems sozialer Kontrolle macht sich Cohen zum Gegenstand (vgl. ebd., S. 36). Denn trotz der kritischen Bewegungen entwickeln sich die Grundzüge der herrschenden Konzepte sozialer Kontrolle in Richtung einer sukzessiven Ausweitung und Intensivierung von Kontrollsystemen, einer Streuung seiner Mechanismen von eher geschlossenen zu eher offenen Orten sowie einer zunehmenden Unsichtbarkeit von sozialer Kontrolle und ihrem Vordringen in den Sozialkörper (vgl. ebd., S. 83f).

Bevor etwas weiter auf Veränderungen des „Kontrollnetzes" eingegangen wird, die sich auch im Umgang mit jugendlichen „Gewalttätern" niederschlagen, sollen zunächst unterschiedliche *Formen der sozialen Kontrolle*[37] vorgestellt werden. Hierbei ist allerdings der Rahmen von Cohens Schilderung dieser Kontrollformen zu beachten; sie finden sich in einem Aufsatz von 1993, in dem er Transfermöglichkeiten des anglo-amerikanischen und teils europäischen Diskurses über soziale Kontrolle auf die Politik der Rekonstruktion in Osteuropa und Südafrika diskutiert.

1/ Der punitive Kontrollstil

Der Punitive Kontrollstil ist im gesamten Modell des Strafrechts verkörpert und wird irrtümlich als paradigmatisch für soziale Kontrolle an sich verstanden, obwohl er in Relation zu „informellen" und „alternativen" Kontrollformen nur einen sehr kleinen Teil sozialer Kontrolle ausmacht. Spezielle Merkmale dieses Kontrollstils sind die Schmerzzufügung, das Verantwortlichmachen einer konkreten Person für die Verletzung abstrakter Regeln, fundamentaler Moralismus, die Anwendung von Zwang und das Übereignen von Konflikten involvierter Parteien an eine dritte Partei - meist die Strafjustiz des Staates (vgl. Cohen 1993, S. 214).

2/ Der entschädigende Kontrollstil

Dieser Kontrollstil besteht in der Wiedergutmachung durch die Verpflichtung des „Täters", den Schaden oder Schmerz zu kompensieren. Die Beziehung zwischen Ta-

---

[36] Diese Aufzählung greift Beispiele auf und ist nach Cohen 1985, S. 31, nicht vollständig.

[37] Den Anspruch der referierten Kontrollformen nach Durkheimschen Schema „elementare Formen" der sozialen Kontrolle vorzugeben, betrachtet Cohen zwar als nicht eingelöst, die Klassifikationen erscheinen ihm jedoch nützlich. Exemplarisch nennt er Donald Black (zuletzt 1989) als Quelle.

ten und Konsequenzen wird hier schwerer gewichtet als die Handlung und Vorüberlegungen oder Intentionen, es geht also nicht um ein Klären von „Schuld". Im Gegensatz zum punitiven Kontrollstil ist die Entschädigung demnach eher restaurativer statt moralistischer Natur. Sanktionen beziehen sich auf ein Netz wechselseitiger Verpflichtungen, wobei die Wechselseitigkeit in Systemen kollektiver Wiedergutmachung besonders ausdrücklich wird. Vorstellungen vom allein-verantwortlichen „Täter" werden also etwas aufgelöst (vgl. ebd., S. 215)

3/ Systeme der Befriedung

Bei der Befriedung werden involvierte Parteien nicht grundsätzlich in „Täter" und „Opfer" kategorisiert, sondern werden zusammengebracht, um ein für beide Seiten akzeptables Ergebnis auszuhandeln. Problematisiert wird dabei eher die Beziehung oder die Situation, weshalb die Lösung in der Verhandlung, statt im Sanktionieren einer Partei besteht. Im Gegensatz zum punitiven Stil ist die Intention weniger ausschlaggebend und anders als bei der Wiedergutmachung steht nicht die Schädigung im Mittelpunkt (vgl. ebd., S. 215f).

4/ Der therapeutische Stil

Das Ziel des therapeutischen Kontrollstils, der ebenso pädagogische „Lösungen" beinhalten dürfte, ist es zu „helfen", indem man versucht, die Person des „Devianten" zu verändern. Wird ein psychodynamisches Modell eingesetzt, geht es um die Veränderung innerpsychischer Zustände, während das behavioristische Modell auf die Erzeugung externer Verhaltenskonformität abzielt. Es soll weder bestraft, noch Entschädigungen entrichtet, noch beeinträchtigte Beziehungen gekittet werden. Die „verletzten" Regeln oder Konflikte, die zu bearbeiten sind, erscheinen gegenüber den anderen Kontrollformen obskurer und komplexer. Der therapeutische Stil hat einen regelrechten „Boom" erfahren und dringt in Bereiche vor, die zuvor von anderen Macht- und Wissensformen dominiert wurden (z.B. der Medizin). Dies und die Entwicklung neuer therapeutischer Kategorien, also beispielsweise Diagnosen, Syndrome und Klassifikationen in Bereichen wie dem der „Gewalt in der Familie" etc., verleiht ihm eine hohe Bedeutung für Systeme sozialer Kontrolle. Cohen vermutet hier sogar die bedeutendste Wirkkraft für die Entstehung neuer Formen von Abweichung, „Normalisierung" und der sozialen Kontrolle als Antwort darauf (vgl. ebd., S. 216f).

Besonders in Bezug auf den Aspekt der tendenziellen Ausweitung von Netzen sozialer Kontrolle ist an dieser Stelle noch einmal hervorzuheben, dass das Hinzuziehen einer dritten Partei, wie im punitiven Stil unumgänglich, eine anteilsmäßig äußerst seltene Art der Bewältigung ist. Viel häufiger wird auf die drei weiteren, weitestgehend informellen, Kontrollstile zurückgegriffen (vgl. ebd., S. 217).

Den bereits erwähnten Impuls der „Destrukturierung“, der maßgeblich gegen den punitiven Kontrollstil gerichtet war, konkretisiert Cohen hauptsächlich an der Bewegung der Deinstitutionalisierung oder genauer; an der Idee, Gefängnisse und andere Anstalten durch gemeindebasierende Alternativen sozialer Kontrolle zu ersetzen.

Durch eine Analyse der Entwicklung und Umsetzung dieser vermeintlichen Alternativen wird gezeigt, was im gesamten System geschieht: Das metaphorische „Fischernetz“ sozialer Kontrolle wird größer und dichter, da es zum Ersten, im Zuge der Deinstitutionalisierung auch in „seichtere Gewässer“ ausgeworfen wird, d.h. es „fängt“ mehr mutmaßliche „Norm-„ und „Regelbrecher“ als zuvor, da zum Zweiten, seine „Maschen“ enger werden, d.h. die Intensität der Intervention steigt an, was unmittelbar damit zusammenhängt, dass, zum Dritten, neue und „alternative“ Agenturen und Dienste das Kontrollnetz erweitern, statt die bisherigen (ursprünglich kritisierten) zu ersetzen, d.h. Institutionen, wie beispielsweise Gefängnisse, bestehen fort und ihre Funktionen werden sogar auf weitere Lebensbereiche übertragen (vgl. ebd. S. 43-48).[38] Angesichts der formulierten Ziele der Destrukturierungsbewegung können diese Entwicklungen an sich schon sehr nachdenklich stimmen. Die Ausmaße der Kluft zwischen konstatiertem Vorhaben und praktischer Umsetzung werden jedoch erst in der Frage nach den realen Folgen für die „Abweichler“ genauer einschätzbar. Diese lassen sich in Cohens Beschreibung des Prinzips der Diversion im Umgang mit delinquenten Jugendlichen erahnen.

Diversion bedeutete einst, dass manche Taten Jugendlicher, nachdem sie geprüft wurden, keine strafrechtlichen oder zumindest „nur“ informelle Konsequenzen hatten. Dann wurde jedoch beispielsweise in den USA der 70er Jahre begonnen, Diversionsprogramme zu finanzieren. Auch in Deutschland hat sich das Prinzip der Diversion, laut dem ehemaligen Generalstaatsanwalt Heribert Ostendorf (2009), zur eigenständigen Verfolgungsstrategie entwickelt und lehnt sich an US-amerikanische

[38] Diese Entwicklungen werden unter anderem mit statistischen Daten, der insgesamt steigenden Zahl von Insassen in Gefängnissen sowie der zunehmenden Anwendung von korrigierenden, überwachenden oder in Obhut nehmenden „alternativen“ Maßnahmen auf Gemeindeebene (jeweils am Beispiel Großbritanniens, der USA und Canadas), gestützt (vgl. ebd., S. 44-49).

Diversionsprogramme an.[39] Solche Programme haben zur Folge, dass es weniger von der „alten“ Diversion gibt, die Jugendliche von dem System wegzuleiten bezweckt, dafür aber mehr von einer „neuen“ Diversion, bei der Jugendliche in „alternative“ Maßnahmen des Systems aufgenommen werden (vgl. Cohen 1985, S. 51f). Das bedeutet auch, dass die Polizei neben der Möglichkeit der strafrechtlichen Verfolgung einer Tat und der des Absehens von jeglichen Verfahren nun in dem Umleiten des „Täters“/der „Täterin“ in ein Programm, eine dritte Möglichkeit dazu gewonnen hat. Das hat, laut Cohen, die Folge, dass auch jene in das System gezogen werden, die ohne Diversionsprogramme gar kein Verfahren bekommen hätten.

Die „neuen Delinquenten“, die durch die erste Phase vermehrt in das Kontrollnetz gelangen, sind mit höherer Wahrscheinlichkeit jünger, haben weniger ernsthafte Verbrechen begangen und sind häufiger weiblichen Geschlechts als jene, die sonst in das Netz geraten (vgl. ebd., S. 52). Präventive Maßnahmen, die der populären Idee von früher Intervention und Behandlung entsprechen, werden als eine besonders radikale Form der Netzerweiterung betrachtet. Ihre Zielgruppen müssen nicht einmal eine ahndungswürdige Tat begangen haben und lassen sich daher sehr weit fassen – dementsprechend weit wird auch das Netz.

Das Selektionsverfahren in Programmen für delinquente Jugendliche wird, Cohen zufolge, so gestaltet, dass das Programm nach außen hin als „Erfolg“ dargestellt werden kann. Da Diversion jedoch auch zur Folge hat, dass das Straf- und Kontrollsystem der „Schwere“ der „Fälle“ entsprechende „Stufen“ hinzubekommt, wiederholen sich Selektionsprozesse auf jeder dieser Stufen: „This process repeats itself at all the increasing stages in the system: each level creaming off the clients it wants - those who are amenable, treatable, easy to work with, the good prospects. The rest are ‘diverted’ to the next level up.“ (Cohen 1985, S. 54) Diesen Prozess des Abschöpfens der leichteren Fälle sowie die Auswirkungen der polizeilichen und richterlichen Vorliebe für Diversionsprogramme, erfasst Cohen mit dem Bild einer „Saug-Maschine“, deren Funktionsweise „Überbleibsel“ erzeugt, die dann wiederum von weiteren Institutionen verarbeitet werden:

---

[39] „Diversion bedeutet Umgehung des förmlichen Gerichtsverfahrens mit Abschluss durch ein Urteil. Zum Zwecke der Diversion hat der Gesetzgeber die Möglichkeit der Verfahrenseinstellung erweitert (§§ 45, 47). (*Rn. 95*)“ (Ostendorf 2009, S. 273)

> „[...] we have here a benevolent kind of suction machine, driven by the principle of *incremental eligibility*. Each stage retains its own eligible material, leaving another body – in a deeper or shallower part of the system – to operate its own eligibility criteria. [...] Agencies within the criminal justice system might compete over the same potential clientele, or clients might be tracked and retracked between crime, welfare and psychiatric systems. " (Cohen 1985, S. 54)

Für die "Delinquenten" bedeuten diese Prozesse sowie die neuen „Stufen“ in der Behandlung in der Konsequenz, dass sie mit höherer Wahrscheinlichkeit in eine Kontrollmaßnahme geraten und dadurch der Schritt auf eine höhere Stufe, also in eine intensivere Maßnahme wahrscheinlicher wird. Sind sie erst einmal in eine Maßnahme gelangt, so „sanft“ und „alternativ“ diese auch sein mag, ist nämlich von jener der Schritt zur nächsthöheren Stufe nicht mehr so „weit“, wie er es von außerhalb des Systems aus wäre (vgl. ebd., S. 54).[40]

Cohen räumt ein, dass gemeindebasierende Diversionsprogramme durchaus wohlwollend und hilfreich sein können und „Beschuldigte“ die „neuen“ Maßnahmen sicherlich dem Gefängnis vorziehen. Ausschlaggebend für den Aspekt der Kontrolle ist aber, dass diese „sanfteren“ Programme keine Alternativen, sondern Ergänzungen des bisherigen Systems sind. Sie machen es leichter, in härtere Maßnahmen bis hin zum Gefängnis hineinzugeraten und unwahrscheinlicher, völlig sanktions- und auflagenfrei auszugehen. Zudem basieren auch „alternative“ Maßnahmen häufig auf mehr oder weniger offensichtlichem Zwang (vgl. ebd., S. 70).

Die Ziele der deutschen Diversionsstrategie es der Strafjustiz zu ermöglichen, sich den „wirklichen Problemfällen“ zuzuwenden und „bessere Prävention“ zu betreiben (vgl. Ostendorf 2009, S. 113), erinnern an Cohens Schilderungen, die „harten Fälle“ auszusondern und die übrigen in pädagogische Maßnahmen aufzunehmen oder präventiv zu umsorgen und spiegelt deutlich das herrschende Prinzip der dichotomen Klassifikation wieder.

Das herrschende Klassifikationsprinzip lässt sich mit Hilfe der Unterscheidung von Inklusion und Exklusion, als die zwei wesentlichen Arten sozialer Kontrolle, etwas genauer betrachten. Exklusion beschreibt Cohen in Anlehnung an Levi-Strauss bildlich als das „Ausspeien“ Devianter durch die Gesellschaft; Ausspeien im Sinne von

[40] Auch belegt Cohen am Beispiel eines amerikanischen Gefängnisses, dass nicht mehr „nur“ jenen, denen die schlimmsten Verbrechen angelastet werden, sondern zunehmend auch jenen, die gegen die Auflagen „milderer“ Maßnahmen verstoßen, die härtesten Strafen zuteil werden (vgl. Cohen, S. 55).

Segregation, Isolation, Verbannung und Wegsperren. Das Pendant, Inklusion, wird entsprechend als das „Verschlucken", als die Möglichkeit der Einverleibung, Integration und Assimilation Devianter durch die Gesellschaft beschrieben (vgl. Cohen 1985, S. 219). Diese Prinzipien sind jedoch nur theoretisch derartig gegensätzlich darstellbar. In der Praxis verschmelzen sie, wobei Cohen zufolge, Exklusion dominierend bleibt, da auch inkludierende Formen der Kontrolle neue Arten der Separierung hervorbringen (vgl. ebd., S. 230). Inklusion als die „weiche Seite" des Systems meint einerseits „sanftere" Maßnahmen, die z.T. sogar auf Freiwilligkeit beruhen, breitet sich aber andererseits auf weitere Bevölkerungsteile aus, involviert mehr Kontrolleur/innen und - dies ist zentral - bringt im Bestreben aufzunehmen. statt auszuschließen, ein Klassifikationssystem hervor, das auf binären Beurteilungen (z.B. behandelbar/nicht-behandelbar) beruht. Durch sein Klassifikationssystem sondert also auch das Prinzip der Inklusion aus und benötigt Exklusion als die „harte Seite" des Systems, um die „Ausgesonderten", wegzusperren und zu sanktionieren (vgl. ebd., S. 86, 232-235).

Auch pädagogische Präventionsprogramme, die als eine hoch im Kurs stehende praktische Lösung im Umgang mit „gewalttätigen Jugendlichen" (siehe Kap. 6), können in ihren Grundzügen als inklusive Verfahren verstanden werden. So lässt sich für den Umgang mit „delinquenten Jugendlichen" der Verdacht begründen, dass dadurch Kontrollsysteme durch eine Tendenz zur Integration um „sanfte" Maßnahmen, jedoch auch um Strafmaßnahmen (für die „harten Fälle") erweitert wird. Trotzdem muss differenziert betrachtet werden, dass populistische Forderungen nach „härteren" Jugendstrafen im Zuge der deutschen Moralpanik um „Jugendgewalt" *gegen* „sanftere" und pädagogische Methoden (also auch solche die zur Diversion dienen) gerichtet waren und folglich in einem anderen Kontext betrachtet werden müssen.

5 Konstruktionen und Möglichkeiten im aktuellen Diskurs zu „Jugendgewalt“

5.1 Methodisches Vorgehen

Bisher wurden eine Etikettierungsperspektive sowie einige Aspekte und Interpretationsregeln einer reflexiven Sozialforschung umrissen und das Konstrukt der „Jugendgewalt“ aus dieser Perspektive historisch kontextualisiert und mit theoretischen Aspekten zu sozialer Kontrolle und Ausschließung als mögliche gesellschaftliche Reaktionen in Verbindung gebracht. Um eigene Analysen von Beiträgen zum Themenkomplex der „Jugendgewalt“ vornehmen zu können, soll eine reflexive Perspektive eingenommen werden, die es erlaubt, in Bezug auf die Fragestellung, Klassifikationen, Etiketten und Implikationen, herauszuarbeiten.

Die Beiträge und Materialien werden einerseits als Texte mit jeweils speziellen Rahmenbedingungen und rhetorischen Mitteln und gleichzeitig als Formen des wissenschaftlichen Umgangs mit dem Konstrukt der „Jugendgewalt“, also gewissermaßen als (re)aktive Handlungen mit realen Folgen, behandelt. Letzteres wird auch in der folgenden Ausführung von Helga Cremer-Schäfer zum praktischen Einfluss von Wissenschaften und der ihnen zugewiesenen Funktion bekräftigt:

> „Wissenschaften von Gewalt und Kriminalität bestimmen sich nicht nur als Praxis- und Politikberatung, sie sind auf die kulturindustrielle Verwertung von Forschung verwiesen und werden als Experten und primäre Definierer des Gewalt- und Kriminalitätsproblems von Medien nachgefragt.“ (Cremer-Schäfer 2010, S. 199)

Wissenschaftliche Texte zum „Phänomen“ der „Jugendgewalt“ können von Akteuren demnach als Referenz für Praxis, Politik und für öffentliche Darstellungen genutzt werden und haben, wie bei Brüchert deutlich wird, aufgrund des Wahrheitsmythos um Wissenschaft und je nach Bekanntheitsgrad des Autors/der Autorin auch mehr oder weniger gute Chancen, diese Bereiche zu beeinflussen.

Analysekategorien mit denen im Folgenden gearbeitet wird, lassen sich durch folgende Fragestellungen konturieren:

- Wird im Umgang mit dem Etikett der Jugendgewalt auf bereits etablierten Selbstverständlichkeiten aufgebaut oder werden diese hinterfragt?

- Welches Wissen und welche theoretischen Ansätze benutzen und produzieren die Autor/innen und welche Handlungsvorschläge werden propagiert?
- Welche realen Folgen erscheinen durch das hergestellte Wissen über „Jugendgewalt“ möglich und welche Reaktionen legitimierbar?

Anhand dieser Vorgehensweise sollen eventuelle Konjunkturen von Theorien sowie Implikationen und Möglichkeiten für Erweiterungen des Netzes sozialer Kontrolle, also aktuelle Tendenzen in der Konstruktion von „Jugendgewalt“, herausgearbeitet werden. So soll ein Einblick in Ausschnitte des wissenschaftlichen Umgangs mit dem Konzept der „Jugendgewalt“ gewonnen werden, welcher wiederum Vermutungen darüber erlauben kann, an welchen Stellen sich eine reflexive Sichtweise anbietet und – sofern man unbedingt „Bedrohungen“ sehen möchte – wo alternative Anschauungen darüber möglich wären, wer oder was durch die Problematisierung von „Jugendgewalt“ bedroht sein könnte. Die Wissenschaftler/innen sollen dabei jedoch nicht unter den Generalverdacht gestellt werden, dass es ihr Ziel sei, Kontrolle, Strafe oder Überwachung zu ermöglichen oder Jugendliche zu stigmatisieren. Es soll lediglich aus einer reflexiven Perspektive untersucht werden, was das von ihnen hervorgebrachte Wissen möglich macht.

Schon in Kapitel 1 wurde die Verwendung von sprachlichen Mitteln wie „Gewalt“, „Jugendgewalt“ und „Jugend“ in den Blick genommen, woran die Vorteile eines reflexiven Umgangs gegenüber einer selbstverständlichen Verwendung dieser Begriffe ersichtlich gemacht werden sollten. Auch in den folgenden Text-Analysen wird ein Schwerpunkt auf Sprache gelegt.

In der Analyse sprachlicher Mittel sollen besonders solche Merkwürdigkeiten herausgegriffen werden, die Stanley Cohen „controltalk“, übersetzbar mit „Kontrollrhetorik“[41], nennt.[42] Im Anhang zu seinem Werk „Visions of Social Control“ beschreibt Cohen diesen „controltalk“ (auf eine z.T. sehr humorvolle Weise) als die Sprache des Strafens, Behandelns und Helfens (vgl. Cohen 1985, S. 275). Jene Kontrollrhetorik

---

41 Aus stilistischen Gründen wird im Folgenden diese eigene Übersetzung verwendet.

42 Inspiriert wurde Cohens Idee zum Entwerfen eines „Glossary of Controltalk“ vom Anhang in George Orwells Roman „Nineteen Eighty-Four“ (1949), in dem dieser die Prinzipien von „Newspeak“, „Doublethink“ und „Ingsoc“ beschreibt.

differenziert er in vier Haupttypen: „euphemism“, „medicalism and psychologism“, „acronyms“ & „technobabble“ (vgl. ebd., S. 276-281).
Cohen plädiert dafür, Naivität im Umgang mit solchen rhetorischen Mitteln abzulegen und sie stattdessen als sprachlich intelligent ausgefeilte Strukturen und Symbole zu erkennen, die Widersprüche, Wahrnehmungen, Voraussagen u.v.m. beinhalten können:

> „We must not search for deliberate deception, but we must abandon the naïve idea that words like 'pre-delinquent', 'resocialization' or 'in need of care and protection' actually stand for particular persons, objects, behavior or procedures. These words are symbols, elaborate cognitive structures that are full of ambivalence and ambiguity, and that combine facts with beliefs, perceptions, emotions, habits and predictions. " (Cohen 1985, S. 274)

Verstärkt zum Einsatz kommt Kontrollrhetorik beispielsweise in der Psychologie, Strafverfolgung, Kriminologie und in der Sozialen Arbeit – hier kann sie in Frage gestellt und auf ihre Funktion hin untersucht werden (vgl. ebd., S. 275).

5.2 Zur wissenschaftlichen Diskussion über „Jugendgewalt“

Zum wissenschaftlichen Diskurs, der wie in Kapitel 3.3 beschrieben, in einem wechselseitigen Austausch mit dem öffentlichen Diskurs steht, tragen unterschiedliche humanwissenschaftliche Disziplinen bei, so dass eine entsprechende Vielfalt an Blickwinkeln, Theorien und Wissen zur Konstruktion von „Jugendgewalt“ zu finden ist. Angesichts der Menge an Materialien und Veröffentlichungen, die zu diesem Thema herausgegeben werden, wird im Rahmen der vorliegenden Studie nur ein relativ kleiner Auszug der wissenschaftlichen Diskussion herausgegriffen. Um dennoch Einblicke in mehrere verschiedene Perspektiven zu erlangen, wurde ein Sammelband mit dem Titel „Jugendgewalt. Interdisziplinäre Sichtweisen.“, herausgegeben von Otger Autrata und Bringfriede Scheu (2009), für die Analyse ausgewählt.

5.2.1 Betrachtung des „Rahmens“

Der Sammelband erschien im Rahmen einer Buchreihe, die die „Debatte um die paradigmatische Bestimmung Sozialer Arbeit und damit um eine grundlegende theoretische Orientierung“ aufgreifen will. Er wurde zwecks einer Ergebnissicherung von Vorträgen im Rahmen eines wissenschaftlichen Fachtages im April 2009, welcher

vom Studienbereich Soziales der FH Kärnten und des Rottenburg-Feldkircher Instituts für subjektwissenschaftliche Sozialforschung veranstaltet wurde, erstellt. Ehrgeiziges Ziel des Fachtages, so ist es dem Vorwort zu entnehmen, war die „Klärung des Gegenstandes“ in der Auseinandersetzung mit dem „Phänomen Jugendgewalt“ auf interdisziplinärer Ebene und einem entsprechenden „wissenschaftlich begründeten Verständnis“. Von Jugendgewalt als einem Phänomen auszugehen, kann insofern als problematisch betrachtet werden, dass suggeriert wird, es gäbe intersubjektiv als „Jugendgewalt“ beobachtbare Handlungen. In der Einleitung heißt es weiter, Jugendgewalt sei ein soziales Phänomen, das der Erklärung bedürfe (vgl. Autrata/Scheu 2009, S. 9). Offen bleibt, was mit der Klärung *eines* wissenschaftlich begründeten Verständnisses des Gegenstandes bewirkt werden soll. Soll daraus ein hegemoniales Verständnis hervorgehen? Ein Verständnis von „Jugendgewalt“ zu *klären,* impliziert ein anderes Vorhaben als zu *verstehen,* was sich hinter dem Begriff verbirgt. Es scheint als solle der „Gegenstand“ vereinfacht und „ordentlich“ definiert werden, statt Komplexität und Widersprüche des Themas zu diskutieren.
Der erste Absatz des Vorwortes kündigt an, welche Auffassung von „Jugendgewalt“ die Herausgeber anbieten:

> „Jugendgewalt ist zu einem bedeutsamen Bestandteil der gesellschaftlichen und gesellschaftspolitischen Debatte geworden. Im Blickpunkt der Diskussionen ist häufig der Diskurs um die Entwicklung von Häufigkeit und Intensität von Jugendgewalt im großen Maßstab. Zu berücksichtigen ist aber auch, dass jedes einzelne Vorkommnis von Jugendgewalt für ihre Opfer wie auch häufig für die TäterInnen, die diese gewalttätige Handlungsform begehen und später mit Bestrafung rechnen müssen, leidvolle Erfahrungen stiftet.“ (Autrata/ Scheu 2009, S. 7)

Zunächst wird „Jugendgewalt“ als etablierter Forschungsgegenstand und Begriff selbstverständlich vorausgesetzt und demgemäß als „bedeutsamer Bestandteil“ der gesellschaftspolitischen Debatte aufgefasst, statt den Begriff als eine Konstruktion zu verstehen, die durch eben diese Debatte erst erzeugt wird. Hier wurde genau genommen schon die erste Möglichkeit zur Reflexivität vergeben, da die Frage, wer „Jugendgewalt“ mit welcher Intention zu einem „Bestandteil“ der Debatte macht, gar nicht gestellt wird. Da mit diesem Bild von „Jugendgewalt“ gearbeitet wird, erscheint es den Autoren nur bedingt fragwürdig, dass Häufigkeit und Intensität des Vorkommens von „Jugendgewalt“ einen Fokus in der Untersuchung bildet. Es wird lediglich bemängelt, dass „Jugendgewalt“ und die leidvollen Erfahrungen *ihrer* „Opfer“ und

„Täter/innen" auch im Einzelfall mehr berücksichtigt werden müssen. Somit wird Jugendgewalt nicht nur als ein Tatbestand dargestellt, sondern auch zu einer fiktiven Macht verfremdet, die leidvolle Erfahrungen „stiften", also womöglich zufügen kann. Es sind kaum noch Akteur/innen, sondern eine abstrakte „Jugendgewalt" an sich, ist Schuld an einem generalisierten Leiden der Beteiligten. Dem Problemkonstrukt wird so eine emotionale Komponente eingebaut, aus der, zynisch ausgedrückt, um der Menschlichkeit willen, die Aufgabe erwächst, die eher rational anmutende Datenerhebung zu ergänzen. Hatte man dafür plädieren wollen, einen differenzierteren Blick für Rahmenbedingungen und Folgen konkreter Interaktionen zu entwickeln oder gegen das Bestrafen von „Täter/innen" Stellung zu beziehen, erscheint dies eine ungeschickte Hinführung. Zum einen, weil an Zuschreibungen wie „Täter/in" und „Opfer" festgehalten und somit verschleiernde und diskreditierende Rollenzuweisungen ermöglicht werden, zum anderen, weil durch das Personifizieren von „Jugendgewalt", den Akteuren ihre Handlungen enteignet werden, was eher zur Verallgemeinerung, im Sinne eines übergreifenden Phänomens, als zur differenzierten Betrachtung spezifischer Interaktionen, anzuregen vermag. „Leidvolle Erfahrungen" zu betonen, bietet indes den taktischen Vorteil, einen Bedarf an fürsorglicher Linderung zu suggerieren, dessen wissenschaftliche Ergründung und praktische Deckung man sich zum Auftrag macht.

Der Auftrag an die soziale Arbeit, das Problem der Jugendgewalt einzudämmen oder zu verhindern, wird zudem aus einer gesamtgesellschaftlichen Verunsicherung abgeleitet. Aus der gesellschaftlichen Betroffenheit durch Jugendgewalt würden „Bedrohtheitsgefühle" resultieren, die an die Soziale Arbeit weitergegeben würden. Das wiederum wird als die Schaffung einer „komplexen Anforderungsstruktur" dargestellt, die es erforderte, skeptisch zu reflektieren, ob soziale und andere Professionen diese Anforderungen anhand ihrer durch Ressourcen und das methodische Verständnis begrenzte Arbeitsformen überhaupt erfolgreich bewältigen können (vgl. ebd., S. 7).

Auch hier gäbe es einen lohnenden Ansatzpunkt, um zunächst reflexiv danach zu fragen, ob es überhaupt Aufgabe der Sozialen Arbeit sein kann, Bedrohtheitsgefühle in der Bevölkerung abzufangen und wo diese Gefühle eigentlich herrühren. Immerhin mangelt es im wissenschaftlich-medialen Verstärkerkreislauf nicht an Material, das Jugendliche als „gefährlich" darstellt (siehe Kap. 1). Von „Bedrohtheitsgefühlen" auszugehen, scheint hier aber ohnehin eher die Funktion zu haben, die Soziale Arbeit als Problemlöser darzustellen. Allerdings nicht ohne direkt im Anschluss implizit darauf hinzuweisen, dass mehr Ressourcen und ein Ausbau von Arbeitsformen nötig wären, um im Umgang mit dem „Problem der Jugendgewalt“ zum „Erfolg“ zu „führen“ (vgl. ebd., S. 7). Indem „Jugendgewalt“ also als schwierige Aufgabe dargestellt wird, die einer zwar engagierten aber potentiell überforderten Sozialen Arbeit über den Kopf zu wachsen droht, wird sie zu einem brauchbaren Vorwand gemacht, um Ressourcen einzufordern. Für diesen Zweck wäre ein Hinterfragen des „Problems“ nur hinderlich. Zweifel an Bedrohlichkeit und Verbreitung des „Problems“ wären zum Erreichen einer Bereitstellung von Ressourcen sicher nicht förderlich.

Ein weiteres beachtenswertes Element der Legitimation bietet die Schlussfolgerung, dass die breite Resonanz auf die Tagung und die große Zahl der Teilnehmer/innen die Notwendigkeit einer intensiven und auch nachhaltigen Beschäftigung mit dem Thema Jugendgewalt deutlich machten (vgl. ebd.). Demnach wird rein aus der Quantität der Rückmeldungen und Teilnehmer/innen eine Notwendigkeit einer qualitativen Beschäftigung mit dem Thema abgeleitet.

Zusammengefasst leiten die Autor/innen also von leidenden „Opfern“ und „Täter/innen“, gesellschaftlicher Betroffenheit und Bedrohtheitsgefühlen sowie der großen Teilnehmer/innen-Zahl am wissenschaftlichen Fachtag, Aufträge für interdisziplinäre Forschung und die Soziale Arbeit ab. Was zur Erfüllung dieser Aufträge getan werden soll, wird mit Vokabular der Ausdehnung/des Ausbaus („breite Auseinandersetzung“, „breite Resonanz“, „Verzahnung mit interdisziplinären Sichtweisen“), der Intensivierung („Notwendigkeit einer intensiven…“) und Dauerhaftigkeit („…und nachhaltigen Beschäftigung“) für die Arbeit rund um „Jugendgewalt“ vorangetrieben. Es scheint also praktisch um die Erschließung eines Arbeitsbereiches und theoretisch um die Etablierung bestimmter wissenschaftlicher Sichtweisen, wenn nicht sogar *einer* Sichtweise, auf „Jugendgewalt“ zu gehen. Letzteres wird in der Einleitung expliziert:

> „Eine Verzahnung der Sichtweisen auf Jugendgewalt wird [mit einem interdisziplinären Diskurs, KVB] zu erreichen versucht. Die AutorInnen unterscheiden sich in ihren disziplinären Bezügen, aber auch teilweise in ihren Einschätzungen und Bewertungen. Aus den Beiträgen soll sich auch eine Perspektive ableiten, wie künftig mit dem Phänomen Jugendgewalt umgegangen werden kann.“ (Autrata/Scheu 2009, S. 9)

Das Bild der „Verzahnung“ suggeriert, dass unterschiedliche Sichtweisen möglich sind, die aber „ineinandergreifen“ sollen, also nicht zu unterschiedlich sein dürfen, da „sich“ letztlich (quasi von selbst) *eine* dominante Perspektive „ableiten“ soll. Daraufhin lässt sich jedoch fragen, wem es nützt, unterschiedliche Sichtweisen zu „vereinen“, statt sie kontrovers zu diskutieren und auch vermeintliche „Außenseiterpositionen“ zuzulassen. Da schon die Buchreihe den Anspruch hat, die Debatte um eine paradigmatische Bestimmung und grundlegende theoretische Orientierung der Sozialen Arbeit aufzugreifen[43], verwundert es jedoch nicht, dass der Sammelband eine tonangebende Perspektive zu „Jugendgewalt“ geltend machen will.

5.2.2 Analysen interdisziplinärer Sichtweisen auf „Jugendgewalt"

Gewalttäter mit Problemen

Der Beitrag mit dem Titel „Ursachen von Jugendgewalt“ von der Herausgeberin Bringfriede Scheu diskutiert zu Beginn den Gewaltbegriff sprachgeschichtlich sowie hinsichtlich seiner wissenschaftlichen Verwendung. Im Hauptteil referiert Scheu zunächst Erklärungsansätze, die Gewalt als Sozialisationsergebnis, als abweichendes Verhalten oder Lösung innerpsychischer Widersprüche beschreiben, arbeitet jeweilige Grundannahmen heraus und kritisiert diese jeweils.

Zum Gegenstand macht sich der Beitrag, wie schon der Titel besagt, „Ursachen von Jugendgewalt“. Wie in der Analyse der Rahmenbedingungen dargelegt, übernehmen die Herausgeber den Begriff der „Jugendgewalt“. Zu Beginn ihres Beitrages nimmt sich Scheu allerdings vor, „das Phänomen ‚Jugendgewalt‘“ zu relativieren, da es in einen gesellschaftlichen Bezug gestellt werden müsse. Die Relativierung lässt jedoch weder Skepsis gegenüber der Skandalisierung im öffentlichen Diskurs, noch Fragen bezüglich der Akteure und deren Interessen in der Verwendung des Konzepts erkennen. Stattdessen wird in Anlehnung an Nohl postuliert, dass die Jugendlichen nicht unter dem Gesichtspunkt zu betrachten seien, welche Probleme sie machten, sondern welche Probleme sie hätten (vgl. Scheu 2009, S. 13). Explizit wird dargelegt, wie gewinnbringend diese Sichtweise für pädagogische Berufe sein könnte: „Dieser Zugang eröffnet nicht nur die Möglichkeit der sozialpädagogischen und sozialarbeiterischen Intervention, sondern ebenso auch der Prävention und der klaren Hilfestellung

[43] Vgl. Kommentar des Verlags auf S. 2.

für Jugendliche mit bzw. in Problemlagen.“ (Scheu 2009, S. 13). „Probleme“ werden hier ohne weitere Erläuterungen als der, dass sie sozialpädagogische „Hilfe“ ermöglichten, zur Selbstverständlichkeiten gemacht.

Des Weiteren wird betont, dass „Gewalttätige“ oder „gewaltbereite Jugendliche“ nicht ausschließlich als „Opfer“ oder „Täter/innen“ eingestuft werden sollten und „Gewalthandeln“ nur als eine Handlungsweise neben vielen anderen zu betrachten sei. Daran erscheint paradox, dass einerseits ein Bild von „Vollzeitgewalttätern“ vermieden werden soll[44] und doch die Bezeichnung „Gewalttäter“ verwendet wird, die der ganzen Person „Gewalttätigkeit“ zuschreibt. Nicht von „Täter/innen“ zu sprechen, erscheint angesichts dessen als ein „Tropfen auf den heißen Stein“.

In einer sprachgeschichtlichen Erörterung weist Scheu auf die Komplexität des Gewaltbegriffes hin, indem sie die Bedeutung der Amts- und Staatsgewalt, oft unter Strafandrohung gestellten, „physischen und psychischen Übergriffen“/“Angriffen“ zwischen Individuen, gegenüberstellt. Auch wird darauf hingewiesen, dass Verständnisse davon, was körperliche Angriffe sind, durch Zeitepochen geprägt und einst von der Standeszugehörigkeit abhängig gemacht wurden (vgl. ebd., S. 14f). Diese Andeutung einer Relativität des Gewaltbegriffes und seiner Verwendung wird auch durch eine kritische Anmerkung zu wissenschaftlichen Definitionen noch um den Hinweis auf die Bedeutung der subjektiven Einschätzung von Intentionen und Situationen durch Beobachter/innen ergänzt (vgl. ebd., S. 17). Somit wird ein Schritt zu einer reflexiven Betrachtung von „Gewalt“ gemacht, jedoch nicht so konsequent weiterverfolgt, dass mögliche Folgen der (eigenen) Verwendung des Begriffes der Jugendgewalt überdacht würden.

Den subjektwissenschaftlichen Erklärungsansatz überschreibt Scheu mit „Gewalt als funktionales und begründetes Handeln“, wodurch auch die paradigmatische Prämisse des Ansatzes hervorgehoben wird. Dass „Gewalthandeln“ oder „gewalthaltige Handlungsmuster“ als solche festzustellen sind, wird implizit vorausgesetzt, d.h. Beobachter/innen werden nicht weiter berücksichtigt. „Gewalthandeln“ wird zu einem Handlungstyp gemacht, der grundsätzlich der Bewältigung „unübersichtlicher, ambivalenter, konfliktreicher und emotional belastender Lebenssituationen“ dient, wobei dieses

[44] Es wird darauf hingewiesen, dass „Gewalthandeln nur eine Handlungsweise neben vielen anderen“ sei (vgl. ebd., S. 13).

Bewältigungshandeln individuell begründet aus mindestens zwei Handlungsmöglichkeiten erwählt würde (vgl. ebd., S. 39/44f).
Auf dieser Basis wird dann gefragt, warum der/die Einzelne sich für Gewalthandeln entscheidet. Hieraus wird jedoch nicht gefolgert, dass die Gründe bei dem Akteur/der Akteurin selbst zu erfragen wären. Stattdessen schließt der Beitrag knapp mit „Schlussfolgerungen“, die die Wichtigkeit von „Partizipation“ betonen, da diese den Handlungen Jugendlicher als Ziel zugrunde läge. Schwer nachvollziehbar an dieser Wendung erscheint vor allem, dass „Gewalthandeln“, das zuvor als individuelles Bewältigungshandeln verstanden werden sollte, nun doch ein einheitliches Ziel haben soll. In diesem Sinne wird folgende Lösung angeboten:

> „Für die professionelle Praxis können sich aus diesen Erkenntnissen perspektivisch sowohl gewaltreduktive als auch gewaltpräventive Handlungsansätze ableiten, in deren Fokus die Gewährung der Teilhabe an gesellschaftlichen Prozessen steht. Das heißt, dass professionelles gewaltreduktives und –präventives Handeln Möglichkeiten schaffen muss, die Jugendlichen eine Teilhabe an gesellschaftlichen Prozessen ermöglichen.“ (ebd., S. 48)

Doch wer verwehrt die Teilhabe woran? Und wie sollen Maßnahmen, die „Gewalt“ verhindern wollen, mehr Partizipation ermöglichen? Auch welche Reaktionen als „gewaltreduktiv“ und „gewaltpräventiv“ anzusehen wären, bleibt der Interpretation überlassen. Der Vorstellung Gewalt „reduzieren“ zu können, scheint eine Verdinglichung zugrunde zu liegen. Ginge es um den CO^2-Ausstoß, wäre es wohl einleuchtend, von einer Reduktion zu sprechen, um auf chemische oder technische Verfahren zu verweisen. Wird jedoch das Verdichtungssymbol „Gewalt“ mit dem Begriff des Reduzierens kombiniert, demonstriert dies eher die Gefahr, bei der Verwendung des Gewaltbegriffes im Sinne eines Sachverhaltes zu Aussagen zu kommen, die gerade für „Handlungsansätze“ rein gar nichts konkretisieren und daher alle Möglichkeiten offen lassen.
Es scheint, dass Scheu sowohl die Reflexion des Gewaltbegriffes als auch ihren Entwurf des begründet und funktional handelnden Individuums nicht konsequent verfolgt. Dadurch werden Herrschaftsverhältnisse, Institutionen und Akteure, die die Definitionsmacht besitzen, Jugendlichen „Gewalt“ zuzuschreiben, und sie als „Problem“ oder „ihre Probleme“ zu definieren, nicht kenntlich gemacht. Dennoch wird deutlich, dass die Autorin zumindest zum *genauer* Hinsehen bezüglich individueller Beweggründe auffordert und Ausschlussmechanismen bemängelt. Wie Skandalisierungen von „Jugend-Phänomenen“ und die Verwendungsmöglichkeiten des Gewalt-

symbols zeigen, eignet sich das Etikett der „Jugendgewalt“ hierfür jedoch nicht, sondern birgt vielmehr das Risiko, dass damit auch Reaktionen legitimiert werden, die mit dem subjektwissenschaftlichen Ansatz eigentlich vermieden werden sollten und (potentielle) „Gewalttätigkeit“ als Stigma stehen bleibt.

Jugendgewalt als unlösbares Problem und Gewaltbereitschaft als Lösung
Hubert Höllmüller betrachtet „Jugendgewalt“ in Anlehnung an René Girard und Niklas Luhmann aus einer sozialphilosophischen Perspektive, geht dann über zu einer Kritik und Bestimmung des Präventionsbegriffes und plädiert abschließend dafür, „Gewalt als Sprache“ zu begreifen.
In einer anfänglichen Erklärung zu seiner Auffassung der „Jugendgewalt“-Thematik konstatiert der Autor, dass „Jugendgewalt“ (z. T. in Anführungszeichen gesetzt) in einer gewalttätigen Gesellschaft stattfände und der gesellschaftliche Diskurs diese beiden Seiten sehr unterschiedlich darstelle. Die „gewalttätige Gesellschaft“ wird allerdings nicht etwa in Bezug auf das staatliche Gewaltmonopol, sondern anhand von einer „versteckt stattfindenden Gewalt in Familien“ dargestellt, deren Opfer zuallererst Kinder und Jugendliche seien. Es wird moniert, dass es eine Doppelmoral im gesellschaftlichen Umgang mit dem Thema „Gewalt“ gäbe und der Diskurs über „Jugendgewalt“ folglich unausgewogen sei (vgl. Höllmüller 2009., S. 51f). Soll demnach mehr über „Erwachsenengewalt“ diskutiert werden, um den Diskurs „ausgewogener“ zu machen?[45] Der Diskussionsbedarf und die Suche nach einer Doppelmoral werden ausschließlich auf den privaten Bereich gelegt. Eine Doppelmoral im staatlichen Umgang mit „Gewalt“, bei dem sie im privaten Bereich moralisch verurteilt und bestraft wird, hingegen für die Exekutive legalisiert und offiziell eingesetzt wird, wird nicht thematisiert.
Im Umgang mit „Prävention“, die Höllmüller als den „Ort, wo sich Soziale Arbeit mit Jugendgewalt beschäftigt“ darstellt, wird unter anderem die Gefahr gesehen, dass mit dem Gedanken ein Problem am Entstehen hindern zu können, die „Problemlösung“ aus den Augen verloren wird:

[45] Höllmüller fragt sogar explizit: „Wieso wird Jugendgewalt mit einer kollektivierenden Perspektive überdimensioniert dargestellt, und die Gewalt der Erwachsenenwelt individualisiert und anhand von extremen Einzelfällen heruntergespielt?“ (ebd., S. 64)

> „Es kann so der Eindruck entstehen, dass soziale Probleme nicht mehr gelöst werden müssten, wenn wir uns nur intensiv genug mit deren Vermeidung beschäftigen. Der Präventionsbegriff bedarf deshalb einer genauen Analyse, bevor er im Bezug auf Gewalt für eine praktische Umsetzung verwendet werden kann“ (Höllmüller 2009, S. 65)

Legitimationen für pädagogischen Handlungsbedarf werden hier trotz der Kritik an der Verwendung des Präventionsbegriffes aufrechterhalten. Vor allem, indem „Prävention“ per Definition für „soziale Probleme“ zuständig erklärt wird, und zwar für jene vom „Typus der wiederkehrenden und damit – bisher – unlösbaren Probleme“ (vgl. ebd., S. 68). Als eben solches wird dann „Jugendgewalt“ definiert: „Das Problemfeld Jugendgewalt entspricht dem Typus vom wiederkehrenden und deshalb unlösbaren Problem.“ (ebd., S. 72). Aus diesen Darstellungen geht Jugendgewalt also als besonders hartnäckiges „soziales Problem“ hervor, das widersprüchlich einerseits als „unlösbar“ typisiert wird, andererseits aber angedeutet wird, es müsse „gelöst“ werden. Mit dieser Konstruktion von Jugendgewalt macht Höllmüller eine Entwicklung und Durchführung groß angelegter Programme legitimierbar – „groß angelegt“, da ein „soziales Problem“ im Gegensatz zu „individuellen Problemen“ impliziert (vgl. ebd., S. 68), es betreffe die ganze Gesellschaft und müsse daher weiträumig gelöst werden - für die wiederum Personal und finanzielle Mittel nötig würden.
Trotz der Definition von Jugendgewalt als ein soziales Problem kommentiert der Autor derartige Vorhaben kritisch. Beispielsweise wenn er auf den inflationären Gebrauch des Präventionsbegriffes, an dem sich dessen rhetorisches Potenzial zeige, hinweist: „Um Anerkennung oder finanzielle Mittel zu erhalten, lässt sich jede umsichtige Planung professioneller Intervention bereits als Prävention bezeichnen.“ (vgl. ebd., S. 68).
Auch plädiert Höllmüller dafür, nicht zwingend immer eigene „Präventionsprojekte“ zu konzipieren und formuliert stattdessen folgenden Leitsatz für den praktischen Umgang mit „Gewalt“, der zeigt, dass mit dem Begriff der Prävention reflektierter umgegangen wird, als mit dem der Gewalt:

> „Thema Gewalt: Strukturiere den Umgang miteinander! Gewalt ist Kommunikation, die anders nicht mehr möglich war. Dies zu vermeiden, bedarf es klarer alternativer Strukturen im Umgang miteinander. […] Kinder und Jugendliche

> müssen gestalten und zustimmen, damit Reglements Gewalt als Sprache verhindern können.“ (ebd., S. 72)[46]

So wird das Bild erzeugt, dass fehlende Strukturen und Regellosigkeit unter Jugendlichen, Auslöser für „Gewalt“ seien. Auch würde „Gewalt“ nur als letztes Mittel zur Kommunikation gewählt, womit ausgeschlossen wäre, dass ein Akteur/eine Akteurin sich aus einem bestimmten Grund und mit einem bestimmten Interesse für ein Mittel körperlicher Durchsetzung entscheiden könnte. Höllmüller scheint vorzusehen, dass pädagogische Fachkräfte unter dem Vorwand möglicher „Jugendgewalt“, von Kindern und Jugendlichen die Entwicklung bestimmter Regeln verlangen. Dabei scheint er nicht davon auszugehen, dass diese sich bereits nach eigenen verbindlichen (Gruppen-)Regeln richten könnten. Auch fragt sich, wer auf welcher Grundlage entscheiden soll, welche Regeln und Strukturen „richtig“ sind. Die Autorität und das „Expertenwissen“, das zu entscheiden, würde vermutlich eher Sozialarbeiter/innen, Lehrer/innen etc. zukommen.
„Gewalt als Sprache“; so konstatiert Höllmüller, „drückt Aneignung, Zugriff, Zugang aus, alles Formen der Grenzüberschreitung.“ (ebd., S. 73). Es wird demnach versucht, generalisierend zu erklären, was „Gewalt als Sprache“ ausdrückt, statt danach zu fragen, wer, warum, wie in einer konkreten Situation handelt. Auf dieser Basis wird auch gefordert, dass die Gewalt in Zwangskontexten gesehen werden möge, die „wir“ akzeptierten und betrieben (vgl. ebd.). Sodann wird ein Vorschlag zum praktischen Umgang mit „Jugendgewalt“ formuliert:

> „In diesem Sinne muss Gewalt als Sprache von AkteurInnen in bestimmten Handlungsfeldern der Sozialen Arbeit beherrscht werden. Es geht nicht um Kampftechniken und Körpertraining. Es geht um Gewaltbereitschaft, also darum in eskalierten Situationen neben anderen Handlungsoptionen auch die Bereitschaft zu besitzen, Gewalt einzusetzen. Oder - etwas relativierender ausgedrückt – um die Bereitschaft, die Ebene der Körperlichkeit in professionelles Handeln mit einzubeziehen.“ (ebd., S. 74)

Dahinter scheint die Logik zu stehen, dass Jugendliche „Gewalt als Sprache“ einsetzen und Sozialarbeiter/innen fähig sein müssen, ihnen mit der gleichen Sprache zu antworten. Der Autor vernachlässigt hier jedoch, dass diese „Kommunikation“ nicht

[46] Ein zweiter Leitsatz behandelt das „Thema Missbrauch“. „Missbrauch“ wird so mit „Jugendgewalt“ in Verbindung gebracht. Dies wird nicht weiter begründet, soll aber vermutlich mit einer, zu Anfang angeprangerten, „Erwachsenengewalt“ in Verbindung gebracht werden (vgl. ebd., S. 51).

auf einem symmetrischen Verhältnis beruht. Auch wenn „Gewalt" vermeintlich positiver als im Alltagsgebrauch als „Aneignung, Zugriff und Zugang" definiert wird, schmälert dies die Bedeutung institutioneller Machtasymmetrien nicht: Wird es nicht dem/der Professionellen zukommen einerseits zu beurteilen, ob eine Situation „eskaliert", ob ein/e Akteur/in „Gewalt" anwendet und andererseits, die eigene „Gewalt" als legitim geltend zu machen? Die Fachkraft kann nicht nur von „Expertenwissen", sondern auch von Druckmitteln und Ausschließung – Höllmüller nennt dies „Zwangsinterventionen" wie (Androhung von) Hausverbot und Einlieferung in die Psychiatrie - Gebrauch machen. So stärkt Höllmüller die Machtposition von Professionellen und ermöglicht Legitimationen von Zwangsmaßnahmen in denen Fachkräfte „Gewalt als Sprache" einsetzen sollen, wobei nicht reflektiert wird, welche Folgen es haben könnte, eine unterschiedlich auslegbare „Gewaltbereitschaft" auf professioneller Ebene zu fordern. Obwohl Höllmüller's Konstruktion von „Jugendgewalt" und seine Definition von „Prävention" durchaus Legitimationsgrundlagen für pädagogische Interventionen liefern, zielt jedoch sein eigener Handlungsvorschlag nicht explizit auf die Entwicklung zusätzlicher Maßnahmen ab.

Jugendgewalt als gesellschaftliches Produkt verwehrter Anerkennung

Der Beitrag „Anerkennung und Jugendgewalt. Ethische Suspensionen der ökonomischen Bilanzierung von Anerkennung im Jugendgewaltdiskurs. " von Susanne Dungs konzentriert sich im Hauptteil auf eine sozialphilosophische Kritik der Auffassung von Anerkennung in der Desintegrationstheorie von Wilhelm Heitmeyer und Reimund Anhut sowie in der Anerkennungstheorie von Axel Honneth. Im Folgenden soll jedoch lediglich genauer in den Blick genommen werden, wie die Autorin aus ihrer Kritik dominanter Konzepte von Anerkennung, Rückschlüsse auf das „Problem der Jugendgewalt" zieht.

Dungs' Kritik an dem moralischen Anerkennungskonzept, dass Heitmeyer und Honneth gemeinsam sei, kann – ohne allerdings der philosophischen Terminologie gerecht zu werden – anhand einiger Grundideen skizziert werden: Anerkennung wird auf eine Art Ware[47] reduziert, die, wenn sie zugestanden wird, Integration ermöglicht

[47] Dungs hält dem entgegen, dass Anerkennung ein Prozess ist, der sich dem aktiven Einfluss des Sozialen z.T. entzieht (vgl. Dungs 2009, S. 90-92/ 99-101).

und wenn sie verwehrt wird, Desintegration bzw. Exklusion und Gewalt (zum Erzwingen von Anerkennung) zur Folge hat. Es wird eine normative Integration, beruhend auf institutionalisierten Anerkennungsprinzipien, angestrebt, womit auch ein generalisierter Entwurf guten Lebens erstellt wird.
Mögliche Konsequenzen einer „ökonomischen Bilanzierung von Anerkennung“ sieht Dungs darin, dass Anerkennung durch diese Auffassung zu einem ideologischen Instrument symbolischer Politik werden kann, anhand dessen Individuen entweder der herrschenden Gesellschaftsordnung unterworfen oder – und hierin wird eine simplifizierende Verhaltenshypothese erkennbar – „sie aber aufgrund der defizitären Zuschreibungen, die *verhaltenserzeugende* Macht haben, anzustacheln, die Ordnung gewaltförmig zu überschreiten“ (vgl. Dungs 2009, S. 92, Hervorhebung von KVB). Dungs diskutiert demnach, z.T. reflexiv, mögliche Folgen des dominanten Verständnisses von Anerkennung im Jugendgewaltdiskurs. Jedoch räumt sie Jugendlichen nur eine einzige Art des Umgangs mit Etikettierungen ein, nämlich jene, ihr „Verhalten“ an Zuschreibungen anzupassen, da diese ja „verhaltenserzeugend“ seien. Auf „Jugendgewalt“ übertragen hieße das, dass auf Zuschreibungen des Missachtet-werdens und einer einhergehenden Erwartung von „Gewalt“ als Reaktion darauf, tatsächlich mit gewaltförmigen Überschreitungen der Ordnung zu rechnen sei. Heinz Steinert formuliert hingegen sechs mögliche Arten des Umgangs mit Kategorisierungen, die er wiederum lediglich als Fixpunkte auf einem Kontinuum betrachtet, welches von Selbstkategorisierungen über verschiedene Formen des Annehmens bis hin zu diversen Arten der Abwehr von Etiketten reicht (vgl. Steinert 1984, S. 392ff). Susanne Dungs bedenkt nur *eine* Möglichkeit und entwirft so ein eher fatalistisches Menschenbild. Es soll dadurch scheinbar vor Defizit-Zuschreibungen gewarnt werden, ohne dabei aber die eigens hervorgebrachten Zuschreibungen zu reflektieren.
Dies wird besonders in Dungs’ Überlegungen zu möglichen Folgen von einem Anerkennungsbegriff mit zwei widersprüchlichen Funktionen (A/ Anerkennung solle einerseits auf Touren gekommene Desintegrationsdynamiken ausgleichen (Integration) und andererseits B/ dem geforderten Selbstunternehmertum zur vollen Entfaltung verhelfen (Desintegration)) (vgl. ebd., S. 94) deutlich:

> „Zudem forcieren die Teilprogramme A und B die *pathologische Entgleisung* von Identitätsmustern (*Amoklauf*, Selbstunternehmertum usf.). Mit beiden Aspekten gibt Anerkennung vor, die Autonomie der Einzelnen zu befördern, Werteorientierungen zu installieren und die gesellschaftlichen Verhältnisse zu

> ordnen, während auf der Rückseite beider Programme *sozialer Sprengstoff* erzeugt und eine Restmenge auf der Schattenseite der Gesellschaft möglicherweise mit produziert wird.“ (ebd., S. 96, Hervorhebungen von KVB)

Die Verfasserin kommt zu diesem Schluss, nachdem sie bei Heitmeyer kritisiert, dass er eine Aufteilung von Integrierten und Desintegrierten bzw. von Ordnung und Abweichendem (Gewalt) vornimmt und die „Randständigen“ mit dem Instrument der Anerkennung integrieren will, obwohl Desintegration und Freisetzung die eigentlichen positiven Werte der Gesellschaft seien (vgl. ebd. S. 95). Dass Integration keine „Zauberformel“ sein kann, ließe sich auch mit der These Stanley Cohens stützen, dass gängige Versuche der Integration auf einem binären Klassifikationssystem beruhen, das wiederum Ausschließung ermöglicht. Dungs konstruiert aber, trotz der eigenen Kritik daran, selbst „Abweichende“ und ausschließbare - weil gefährliche – Teilpopulationen, indem sie davor warnt, dass der Widerspruch im Bemühen um Integration „pathologische Entgleisungen“, „Amokläufe“ und „sozialen Sprengstoff“ erzeugt. Es erscheint demnach fraglich, welche Folgen es hat, wenn ein Monieren struktureller Zumutungen in einer Warnung vor jenen mündet, die diese Zumutungen am stärksten zu spüren bekommen.

Auch steigt Dungs mit solchen Etikettierungen in ihren eigens entworfenen tautologischen Kreislauf ein, in welchem eine Defizit-Zuschreibung (in diesem Fall „Gewalt“) zum entsprechenden defizitären Verhalten führt, dass dann wiederum ebenso „verhaltensstiftende“ Zuschreibungen (auch durch die Autorin selbst) zur Folge hat usf. Ohne eine Distanzierung von diskreditierenden Etiketten macht die Autorin ihre Kritik also angreifbar – und das obwohl sie mit „Zuschreibung“ eigentlich einen Begriff wählt, an dem sich gut deutlich machen ließe, dass ein Etikett keine vorfindbare Realität bezeichnet.

Auch kann der Beitrag von Susanne Dungs daraufhin betrachtet werden, was er nicht mehr diskutiert, da er nur mit wenigen Sätzen, z.B. mit diesem:

> „Die gegenwärtigen Kämpfe um Anerkennung, die auch in den Container-, Casting-, Gerichtsshows, in den selbst gedrehten Handyfilmen oder in den Gewalteskapaden Jugendlicher (bis hin zum Amoklauf) ausgetragen werden, dienen – so könnte man sagen – der intersubjektiven Beschwörung eines authentischen Rests der eigenen Existenz.“ (ebd., S. 79)

an einen Diskurs mit einer etablierten Problemperspektive anschließt. Somit wirkt das „Problem der Jugendgewalt“ umso etablierter; es erscheint nicht weiter nötig, zu legitimieren, warum „Jugendgewalt“ überhaupt als „Problem“ in den Blick genommen wird und eine Diskussion des philosophischen Anerkennungsbegriffes ausgerechnet auf dieser Grundlage geführt wird (vgl. auch ebd., S. 86f). Allein die bloße, aber wiederholte Erwähnung von Amokläufen, scheint schon als in dramatischen Höhen eingeschlagene Aufhängung für das Aufgreifen eines „Jugendgewalt"-Diskurses zu genügen. In der zuletzt genannten generalisierenden Erklärung für „Gewalteskapaden" spiegelt sich zudem eine, zu Beginn des Beitrages angedeutete, Erklärung einer individualisierten, technisierten und radikalisierten modernen Gesellschaft als Ursache für Gewalt wider (vgl. ebd., S. 77ff).

„Jugendgewalt" als verstetigte Moralpanik

Der Umgang mit dem Thema „Jugendgewalt" im Beitrag von Johannes Stehr „Jugendgewalt - Skandalisierungskonzept und ideologische Kategorie" sticht gleich aus mehreren Gründen aus den übrigen Beiträgen hervor. Der Autor nimmt eine reflektierte soziologische Perspektive ein und betrachtet aus dieser „Jugendgewalt" als ein Konzept, das nur im Hinblick auf den Kontext seiner Verwendung, Akteure, die es verwenden, seine gesellschaftliche Funktion sowie Folgen seiner Skandalisierung verstanden werden kann. Auf diese Weise nimmt Stehr eine begründetere analytische Distanz zum Etikett Jugendgewalt ein als es durch ein bloßes Apostrophieren (siehe z.B. Knapp 2009) oder ein angedeutetes Relativieren (siehe Scheu 2009) möglich ist. Aus besagter Distanz betrachtet, wird Jugendgewalt vor allem als Skandalisierungskonzept bzw. Problemkonstruktion und verstetigte Moralpanik beschrieben. Der Gegenstand des Beitrages ist dadurch nicht „Jugendgewalt" an sich, sondern Arten der Verwendung, Funktionen und Konsequenzen des Redens *über* „Jugendgewalt".

Mit der Bezeichnung Skandalisierungskonzept weist Stehr, im Zusammenhang mit der Entstehung von Jugendgewalt durch den öffentlichen Diskurs ab den 90er Jahren, vor allem auf gesellschaftliche Funktionen hin, die es durch die öffentliche Thematisierung erhält. Durch die Bezeichnung als verstetigte Moralpanik, die er in Referenz auf Stanley Cohen (1972) verwendet, beschreibt der Autor die Funktion und Wirkung der kontinuierlichen moralischen Empörung über die „gewalttätige Jugend", durch die sie zur Bedrohung grundlegender gesellschaftlicher Normen und Werte dargestellt werden. Wie folgt, wird beschrieben, *wer* bevorzugt zur „Bedrohung" deklariert wird:

> „Jugendgewalt als Moralpanik problematisiert zwar ‚die Jugend' im allgemeinen – und erreicht auf diese Weise, die vielfältigen gesellschaftlichen Konflik-

> te und Widersprüche als Problem einer Altersgruppe zu definieren - doch bricht sich dies an der Kategorie des Geschlechts, insofern die Jugendgewalt als ‚Jugendgewalt‘ konturiert wird und Mädchen/junge Frauen eher als ‚Opfer‘ wahrgenommen werden, wie auch an der Kategorie der sozialen Schicht, da die eigentlichen Bedrohungen als Problem der (männlichen) Unterschicht konkretisiert werden.“ (ebd.; S. 115)

Die sprachlichen Mittel verdeutlichen, dass es einer gewissen Mühe oder Übung bedarf, sich gegen dominante Perspektiven und von diesen hervorgebrachte Problemkonstruktionen abzugrenzen: etwas/jemand wird als Problem definiert oder problematisiert, statt ein Problem zu „sein“, etwas wird als „Jugendgewalt“ konturiert, statt Jugendgewalt zu „sein“ und jemand wird als Opfer wahrgenommen, statt Opfer zu „sein“. So zeigt sich, wie mit Etiketten umgegangen werden kann, ohne sie selbstverständlich zu übernehmen. Eine solche sprachliche Genauigkeit erscheint zum einen sinnvoll, wenn davon ausgegangen wird, dass Begriffe mehr oder weniger komplexe Symbole sind, die Implikationen enthalten, für oder gegen die sich bewusst entschieden werden kann. Zum anderen räumt sie genug Distanz zu einem Symbol ein, um danach fragen zu können, wer es mit welchem Interesse und mit welchen Folgen für wen verwendet. Somit erscheint die Wahl der sprachlichen Mittel entscheidend für einen reflexiven Umgang mit der Konstruktion Jugendgewalt.

Indem Stehr auf subtilere Folgen des Redens über „Jugendgewalt“, z.B. eine scheinbar erhöhte Bereitschaft älterer Generationen jüngere anzuzeigen („Krisenbewusstsein“), sowie auf offensichtlichere Folgen, z.B. propagierte Normalisierungs- und Disziplinierungsprogramme und „präventive“ Überwachung und Kontrolle, hinweist, wird deutlich, wozu eine klare Abgrenzung von etablierten Sichtweisen „nützt“ bzw. was sie vermeiden will (vgl. ebd., S. 115ff/121).

An der Diskussion um „Jugendgewalt“ wird kritisiert, dass politische, gesellschaftliche und kulturelle Zusammenhänge durch das Formieren eines identischen Problems negiert werden und so z.B. „Gewalt in der Schule“ nicht in Zusammenhang mit selektierenden und ausschließenden Funktionen von Bildungsinstitutionen gebracht werden. Zudem würde jungen Menschen durch moralisches Anklagen eine marginale Position zugewiesen, während die eigentlichen Konfliktlagen entthematisiert würden (vgl. ebd., S. 111/118). Ein weiterer Kritikpunkt ist, dass der Problemkonstruktion „Jugendgewalt“ die ideologische Funktion zukommt, Degradierungen und Ausschließungen nicht nur zu rechtfertigen, sondern sie auch den (davon ohnehin) betroffenen Gruppen als selbstverantwortet zuzuschreiben (vgl. ebd., S. 115).

Lösungsvorschläge, wie mit „jugendlichen Gewalttätern“ umzugehen ist oder wie man die Ursache von „Gewalt“ ausmerzen könnte, finden sich im Beitrag von Johannes Stehr folglich nicht. Stattdessen wird vorgeschlagen, sich in Sozialwissenschaften und Forschung keiner Gewaltsymbolik zu bedienen, um den vorherrschenden Moral- und Skandalisierungsdiskurs aufzubrechen. Das Verdichtungssymbol Gewalt werde (in soziologischer und kriminologischer Forschung) dafür genutzt, um auf soziale Pathologien hinzuweisen und die „Unordentlichkeit“ von Gesellschaften zu thematisieren und eignet sich daher mitnichten, konkrete soziale Interaktionen, ihre Bedeutung und Rahmenbedingungen zu verstehen (vgl. ebd., S. 118f). Daher schlägt Stehr eine verstehende Perspektive auf jugendliche Lebenswelten und Konfliktlagen vor, wobei „Konflikt“ als ein geeigneter analytischer Begriff erachtet wird, um die Komplexität sozialen Handelns zu beachten. Für die empirische Untersuchung wird vorgeschlagen, das Handeln konkreter Akteure als historische wie auch situative Prozesse in spezifischen institutionellen und kulturellen Kontexten zu betrachten. Für die Soziale Arbeit wird betont, dass diese sich zum Problemnutzer macht und ihre Kontrollfunktionen ausbaut, wenn sie sich „Jugendgewalt“ als Gegenstand vornimmt. Es wird gefordert, das eigene Handeln, auch in Bezug auf Widersprüche der eigenen Profession, zu reflektieren und in der Forschung Lebenswelt- und Nutzungsforschung zusammenzubringen, um etwas über den Gebrauchswert zu erfahren, den konkrete Angebote für Jugendliche haben (vgl. ebd., S. 121f).

Jugendgewalt als Angriff auf das Gewaltmonopol des Staates

Der Rechtswissenschaftler Bernd Suppan setzt in seinem Beitrag „Jugendgewalt aus rechtlicher Sicht“ Jugendgewalt, zumindest für die Rechtswissenschaften, nicht als selbstverständlichen Gegenstand voraus. In der Hinführung zur Fragestellung wird also zunächst diskutiert, was ergänzend zur Soziologie, die als Leitdisziplin der Gewaltforschung und Forschungsperspektive „ex ante“ größere Deutungsmacht habe, eine rechtswissenschaftliche „ex post“-Perspektive zum Thema Jugendgewalt beitragen könnte. Die Fragestellung Sozialer Arbeit (als Teil der Exekutive in der Funktion der Sozialverwaltung) an die Rechtswissenschaften könne nur jene einerseits nach den Rechtsnormen, unter denen Fälle von Jugendgewalt subsumiert werden könnten, und andererseits nach den Subsumtionsprozessen selbst sein (vgl. Suppan 2009, S. 126f). Daher werden rechtsnormenorientierte Definitionsansätze zum Begriff Jugendgewalt vorgestellt, indem zum einen „Jugend“ vor allem in Bezug auf „Deliktfähigkeit“ eingegrenzt und zum anderen „private Gewalt“ als „illegale Gewalt“ definiert wird.

Jugendgewalt wird zwar nicht als eigenständiges Delikt (da der Begriff in „Deliktkatalogen“ nicht existiere), jedoch als unerwünschtes gesellschaftliches Phänomen betrachtet, das vor allem anhand des Jugendgerichtgesetzes und des Strafrechtes beschrieben wird. Um dies zu tun, weist der Autor seine rechtliche Perspektive und Prämissen zum Gegenstand deutlich aus; vor allem indem er einleitend darauf hinweist, dass Judikative und Exekutive gemäß eines demokratischen Legalitätsprinzips per Definition den Entscheidungen des Gesetzgebers unterworfen sind und Rechtswissenschaften wiederum ihre Erkenntnisinteressen vorrangig an den Fragestellungen der Staatsgewalten ausrichten (vgl. ebd., S. 126).

Diese grundlegend staatskonforme und normativ urteilende Perspektive tritt besonders ausgeprägt im Unterkapitel „Der Formenkreis der Jugendgewalt aus rechtlicher Sicht“ zutage (vgl. ebd., S. 136); in diesem werden zum einen Wissensangebote zur gesamtgesellschaftlichen Bedeutung von „Jugendgewalt“ gemacht und zum anderen vorgeschlagen, welche Deliktgruppen als ihre „Formen“ verstanden werden sollten. Suppan arbeitet dabei allerdings weniger mit wissenschaftlich fundierten Argumenten als mit Feststellungen. So wird beispielsweise konstatiert, dass unter Gewalt gemeinhin die Androhung oder Ausübung physischen Zwanges verstanden werde. Die Legitimität der Androhung und Ausübung wird rein als Frage von hierarchisch geregelter Macht und Befugnis betrachtet:

> „Ein Verstoß gegen das Gewaltmonopol des Staates durch eine Form von öffentlicher Gewalt – also Gewalt in der Öffentlichkeit in Abgrenzung zu privater Gewalt – wie er in der Ausübung von Jugendgewalt häufig zu beobachten ist (Schlägereien, Hooliganismus, Besetzen öffentlicher Plätze etc.), stellt damit nicht nur das Rechtsgut des Schutzes von Leib und Leben infrage, ein solcher Verstoß wird auch als Angriff auf das Gewaltmonopol des Staates wahrnehmbar und stellt damit zumindest potentiell die Staatsordnung der Moderne in Frage. Somit ist Jugendgewalt zumindest potentiell auch von der Gestalt eines Konfliktes begleitet, der stattfindet zwischen dem modernen Staat und jenen, die sich, aus dessen Funktionssystem exkludiert, vormoderner, eigenmächtiger Gewaltanwendung befleißigen.“ (ebd., S. 136)

„Jugendgewalt“ wird hier gleich auf mehreren Ebenen als besonders bedrohlich dargestellt, daher empfiehlt es sich, die Konstruktion zur Analyse in „Bausteine“ zu zerlegen: 1/ Als „Gewalt in der Öffentlichkeit“ wird sie hier als umso größere Bedrohung dargestellt, weil der Staat das öffentliche „in Frage stellen“, „Angreifen“ und

„Verstoßen“ gegen die Staatsordnung noch weniger hinnimmt als im Versteckten stattfindende „Verstöße“. Zugespitzt ausgedrückt, erscheint es indiziert, dass Jugendgewalt als Phänomen den Staat um Erhalt seiner Autorität und der guten Ordnung willen geradezu zur Machtdemonstration zwingt. 2/ „Jugendgewalt“ wird nicht nur als Gefahr für „Leib und Leben“, sondern sogar generell als Bedrohung des „Rechtsgutes“ dargestellt, das beides schützen soll. Auch wird sie als „Angriff auf das Gewaltmonopol“ gedeutet. Beides erweckt den Anschein, als würden gewalttätige Jugendliche ihr situatives Handeln auf abstrakte „Rechtsgüter“ oder das Gewaltmonopol beziehen oder generell politisch „radikal“ motiviert sein, was wohl eher bei Protestaktionen (wie im Bsp. vom Besetzen öffentlicher Plätze) der Fall sein dürfte. 3/ „Jugendgewalt“ dient hier zudem nicht nur als Sammelbegriff; sie könne wie eine Handlung „ausgeübt“ werden, wodurch sich die Unschärfe des Begriffes bis auf die Ebene praktischen Handelns auswirkt. 4/ Auch werden mit dem Hinweis, „Jugendgewalt“ wäre möglicherweise von der „Gestalt eines Konfliktes“ zwischen Jugendlichen und dem Staat „begleitet“, Jugendliche zu potentiellen Staatsfeinden deklariert. Rhetorisch auffällig ist dabei, dass Konflikte zu „Gestalten“ verdinglicht werden. Es scheint, dass die Vorstellung erzeugt werden soll, man müsse sich einen Konflikt mit dem modernen Staat als unsichtbare und bedrohliche „Gestalt“ dazu denken, auch wenn sie weder beobachtbar noch Akteur/innen selbst bewusst ist. Gar nicht in Betracht gezogen wird, dass es sich im Einzelnen um *bestimmte* Konflikte handeln oder die Art des Diskutierens von „Jugendgewalt“ von einem gesellschaftlichen Konflikt zeugen könnte. Zudem werden hier „vormoderne“, also vermeintlich „primitivere“, Exkludierte konstruiert, die womöglich aus Rache zu „eigenmächtiger Gewaltanwendung“ greifen, statt sich gegenüber der staatlichen Monopolisierung von Gewalt durch einen zivilisierten Pazifismus auszuzeichnen.

Weiter konstatiert Suppan:

> „Das latente Unsicherheitsempfinden der Bevölkerung [...] und die Beachtung, die dem Thema Jugendgewalt innewohnt, ist aus diesem Grund nicht nur in der Angst vor persönlicher Betroffenheit von Jugendgewalt zu verorten, sondern auch aus der Erfahrung der massiven Infragestellung der herrschenden Ordnung durch die Negation des staatlichen Gewaltmonopols. “ (ebd.)[48]

[48] Suppan bezieht sich z.T. auf die IFES-Studie „Kriminalitätsängste in Wien“, Juni 2005.

Somit wird die Bedrohung, die von Jugendgewalt ausgehe, untermauert, indem der Anschein erweckt wird, dass diese sich im Unsicherheitsempfinden der Bevölkerung widerspiegele. Zum anderen wird Bürgern eine diffuse Angst zugeschrieben, die weit über die Angst vor einem Erlebnis am eignen Leib hinausgeht. Letzteres erscheint nicht nur allzu kreativ bzw. „großzügig“ in der Unterstellung einer ideellen Reichweite einzelner Aktionen, sondern suggeriert zudem das Bild einer Bevölkerung, die sich derartig auf den Schutz des Staates verlässt, dass der/die Einzelne sich angesichts medialer Berichte über Gewalttaten Jugendlicher persönlich um die herrschende Ordnung und das staatliche Gewaltmonopol sorgt. Dadurch wird eine Wirkung des öffentlichen Jugendgewalt-Diskurses unterstellt, die nach Cohen (2002) typisch für eine Moralpanik ist; es soll glaubhaft gemacht werden, dass der sichtbare Schaden nur ein kleiner Teil dessen ist, was das fragliche Phänomen an Gefahren birgt. Diese Konstruktion der Bedrohung betont Suppan in einer Paraphrase sogar, indem er schreibt, es solle aufgezeigt sein, dass den Formen jugendlicher Gewalt stets potentiell die Gestalt eines Angriffs auf die herrschende Ordnung beigestellt ist und die Betroffenheit von diesem Gewaltakt damit auch jene subjektiv zu erfassen vermöge, die den Gewaltakt lediglich aus einer Sekundärerfahrung wahrnähmen (vgl. ebd., S. 136).
Die „Formen jugendlicher bzw. jungerwachsener Gewalthandlungen“, die Grund für all die Betroffenheit sein sollen, werden mit der Absicht sie „in einem größeren Kontext, als es die Beschränkung auf die Deliktgruppe der strafbaren Handlungen gegen Leib und Leben erlauben würde“ in Ergänzung weiterer Deliktgruppen des Strafgesetzbuches aufgelistet (vgl. ebd., S. 136f). Darunter finden sich beispielsweise „§120 StGB Mißbrauch von Tonaufnahme- und Abhörgeräten“ und „§269 StGB Widerstand gegen die Staatsgewalt“. Die anfängliche Feststellung, dass der Begriff Jugendgewalt als solcher weder in der Rechtsdogmatik, noch in den „Deliktkatalogen“ existiert (vgl. ebd., S. 127), veranlasste den Autor also nicht dazu, die Brauchbarkeit des Sammelbegriffes zu diskutieren, sondern stattdessen noch mehr Deliktgruppen als scheinbar üblich, unter den Begriff zu subsumieren, auch solche, die wie obige, in sich und in Abgrenzung zueinander grundverschiedenen Kontexten entstammen können.
Suppans Vorschläge für den (praktischen) Umgang mit Jugendgewalt beziehen sich einerseits auf Forderungen und Möglichkeiten an die bzw. von der Justiz, geben aber den hauptsächlichen Handlungsbedarf an soziale und sozialpolitische Bereiche wei-

ter. Angesichts der „feinen Klinge“, die der Gesetzgeber der Justiz zur Reaktion auf jugendliche Straftäter gegeben habe, zeigt der Autor sich über das oftmals beobachtete Bemühen im Fall von Jugendstraftaten die Gerichtsbarkeit zu umgehen, verwundert. Wenn die Justiz aufgrund alternativer Maßnahmen „Mehrfachtäter (de facto) als Ersttäter (de jure)“ behandeln müsse, man sich also der Kriminalisierung verweigere, würde Kriminalität nicht verhindert, sondern eher gefördert, da so „Konsequenzlosigkeit“ suggeriert würde (vgl. ebd., S. 132). Auf Seiten der Strafrechtspflege und der Kriminologie gelte es, so der Handlungsvorschlag, „die Effizienz des Einsatzes der vom Gesetzgeber zur Verfügung gestellten Instrumentarien zu steigern“ und ggf. Optimierungen vorzuschlagen (vgl. ebd., S. 146). Daraus lässt sich der Eindruck gewinnen, dass gerichtliche Verfahren und Verurteilungen, „Jugendkriminalität“ ja im Grunde verhindern könnten, wenn man nicht ständig versuchte, sie zu umgehen, sondern die Justiz ihres Amtes walten lassen würde. Auch impliziert das Bemängeln von „Konsequenzlosigkeit“, einen Erziehungsgedanken; Mehrfachtäter sollen die entsprechenden „Konsequenzen“ zu spüren bekommen und daraufhin nicht mehr „kriminell“ sein. Darauf lässt sich jedoch fragen, ob Strafe tatsächlich als effektives Mittel gegen Kriminalität präsentierbar ist und welche „Konsequenzen“ den angedeuteten Erziehungseffekt haben sollen.[49]

Ein dringendes Anliegen Suppans für den Umgang mit Jugendgewalt ist es, von der Präventions-, Rehabilitations- und Integrationspolitik sowie Geisteswissenschaften einzufordern, einen „Innovationsrückstand“ gegenüber der Justiz aufzuholen, um auf „Jugendgewalt“ zu reagieren (vgl. ebd., S. 146). So wird schon zu Beginn des Beitrages verdeutlicht, dass eher soziologische, psychologische und pädagogische Forschung Erkenntnisse für Handlungskonzepte, „deren Implementation in die jeweiligen professionellen Vollzugszusamenhänge eine sozial erwünschte Veränderung des Phänomens Jugendgewalt erwarten lässt“, hervorbringen sollten (vgl. ebd., S. 123). Mit der Vorstellung „Jugendgewalt“ anhand von Prävention, Rehabilitation und Integration entgegenzuwirken, wird angedeutet, dass die Lösung des Problems im Therapieren und Anpassen von „Täter/innen“ liegt, so dass diese sich „sozial erwünscht“ verhalten. Das Justizsystem müsste auf diese Weise nicht an vorhandenen Strafpraktiken zweifeln, sondern nur jene aburteilen, die durch andere Institutionen nicht davon abgehalten werden konnten, „gewalttätig“ zu sein. Die gesamte Argumentation

[49] Zum Diskurs über Strafpraktiken vgl. Peters (1993) und Frehsee, Löschper, Smaus, (1997).

beruht darauf, dass ein Konsens darüber besteht, was „gewalttätig“ und was „sozial erwünscht“ ist und diese Etiketten von Sozialarbeiter/innen und anderen Professionellen in Anlehnung an Rechtsnormen zugeschrieben werden.

Suppan macht „Jugendgewalt“ zu einem Rechtskonstrukt, das ordnungsstörend, unerwünscht und nicht legitimierbar ist, da das Unrecht einer Gewalthandlung für jedermann leicht erkenntlich sei (vgl. ebd., S. 150). Der Beitrag konzentriert sich stark darauf, wie eine Deliktfähigkeit von „jugendlichen Gewalttätern“ festzustellen ist und fügt einem vermeintlichen „Formenkreis“ von „Jugendgewalt“ mehr und auch geringfügigere Vergehen hinzu, so dass diese als Teil eines größeren und potentiell ordnungs- und staatsfeindlichen Phänomens identifizierbar werden. „Jugendgewalt“ wird so unter juristischen Gesichtspunkten als Sachverhalt reproduziert und ausgebaut. Das wird getan, obwohl ohnehin keine „Innovationsanforderung“ für das Justizsystem, sondern für den therapeutischen und sozialen Bereich gesehen wird (vgl. ebd., S. 146/152) und zudem Zweifel an der empirischen Nachweisbarkeit von Jugendgewalt und Kritik an der Vertretung von Interessen anhand einer übertriebenen öffentlichen Darstellung geäußert werden (vgl. ebd., S. 139ff).

Jugendgewalt, Risikofaktoren und sozialpolitische Bekämpfung

Der Beitrag „Sozialpolitik und Jugendgewalt. Ursachen und Handlungsmöglichkeiten“ verfolgt das Erkenntnisinteresse, so Rainer Buck, die Rolle der Sozialpolitik auf den Prüfstand zu stellen sowie Handlungsmöglichkeiten und Auswirkungen sozialstaatlicher Interventionen aufzuzeigen (vgl. Buck 2009, S. 156). Daran wird deutlich, dass sich auf „Jugendgewalt“ als ein etabliertes Problem bezogen wird, es also nicht mehr primär darum geht, zu klären, wie es überhaupt zu dem vereinheitlichten Phänomen kommt, sondern darum, wie sozialpolitisch darauf zu reagieren ist.[50]

Im Fokus des Interesses scheint es zu stehen, politisch präsentable Lösungen hervorzubringen, die dementsprechend zur weitläufigen Verbreitung angelegt sind – eine Art Gesamtstrategie. Um sich eine solche zu erschließen, bedient sich Buck einer typisch ätiologischen Herangehensweise, beschreibt also sozioökonomische und gesellschaftliche „Ursachen“, die direkte Rückschlüsse darauf erlauben sollen, an welcher

[50] Schon die Überschrift des 1. Kapitels lautet „Sozialpolitik und Jugendgewalt – Beschreibung eines Problems“, der Ausgangspunkt des Beitrages beruht demnach auf einer Problemperspektive.

Stelle die drei sozialpolitischen Instrumente – „Anrechte", „Geld" und „Beteiligung" - angesetzt werden müssen, um das „Problem" zu lösen (vgl. ebd., S. 162-165). Als gebührenden Ausgangspunkt zur Legitimation derart umfassender organisierter Reaktionen wählt Buck exemplarisch „jugendliche Amokläufer" (vgl. ebd., S. 155). Auch deutet sich, neben dem Verweisen auf Gefährlichkeit, schon eingangs an, wie hinsichtlich Quantität und Verbreitung des Problems argumentiert wird:

> „Auch wenn Zahlen über die Entwicklung der Jugendkriminalität veröffentlicht werden, gibt es eine breit angelegte Diskussion über die Ursachen und Hintergründe der offensichtlich um sich greifenden Gewalttätigkeit junger Menschen, obwohl diese Zahlen sehr kritisch zu hinterfragen sind. So handelt es sich in der Regel um Tatverdächtige und nicht um bereits Verurteilte, von denen die Rede ist. ExpertInnen weisen des Weiteren darauf hin, dass der Anstieg auch mit einer höheren Anzeigebereitschaft zusammenhängen könne. Diese Betrachtung darf jedoch nicht im Sinne einer Verharmlosung verstanden werden." (ebd., S. 155)

Berichte über Amokläufe, Schlägereien und jene anzuzweifelnden Zahlen fungieren nach Buck als Auslöser für Diskussionen um Jugendgewalt. Merkwürdig erscheint dabei, dass er diese Erkenntnis nicht zum Anlass nimmt, danach zu fragen, wer diese Ereignisse mit welchem Interesse zum Anlass für welche Art der Diskussion macht, sondern stattdessen die Aussage daran befestigt, dass die Gewalttätigkeit junger Menschen „offensichtlich" um sich greife. Auf geschickte Weise wird eine erhöhte Gefahr, Verbreitung und Intensität von Jugendgewalt impliziert, ohne diese belegen zu können, beispielsweise, indem bildliche Vorstellungen von um sich schießenden Jugendlichen oder lebensgefährlich verletzten Touristen inspiriert werden (vgl. ebd.). Anhand dieser Illustrationen soll dem Leser/der Leserin wohl selbstverständlich erscheinen, dass eine „Verharmlosung" hier nicht angebracht sein darf (!), obwohl kurz zuvor immerhin *erwähnt* wird, dass Tatverdächtigenzahlen und eine erhöhte Anzeigebereitschaft der Aussagekraft entbehren.

In einem Abschnitt zum Begriff der „Jugendgewalt" und „Jugendkriminalität" wird ersichtlich, dass „Jugend" lediglich als Frage des nach Strafrecht und KJHG sowie alltagsgebräuchlich definierten Alters und „Gewalt" als „schwere Schädigung einer anderen Person" behandelt werden. Bei der „Gewalt" ginge es hauptsächlich um körperliche und verbale Gewalt, wohingegen psychische und strukturelle Gewalt sowie „Vandalismus" eher vernachlässigt würden. Um Nachweisbarkeit sowie eine verborgene Gefahr zu implizieren, wird Jugendkriminalität als „Gradmesser" für strafrechtlich relevante Jugendgewalt verwendet und neben den zugänglichen Daten eine „hohe Dunkelziffer“ vermutet (vgl. ebd., S. 164). Jungen Menschen wird dadurch eine gesellschaftliche Position unter den Gesichtspunkten potentieller Gefährlichkeit und, durch Strafrecht und KJHG beizumessender, (Behandlungs-)Bedürftigkeit zugewiesen. Zudem wird die Verwendung von „Jugendgewalt“ als groß angelegter Sammelbegriff eingefordert, da mehr „Gewalt-Formen“ darunter subsumiert werden sollen als üblich.

Buck konstruiert die sozialpolitische Perspektive in dem Kapitel „Bestandsaufnahme: Wie wird Jugendgewalt von der Sozialpolitik gesehen?“ vorwiegend in Anlehnung an einen Beitrag von Heinz Ulrich Brinkmann (2008) im Band „Gewalt zum Thema machen“.[51] Bezeichnenderweise werden die von Brinkmann übernommenen „Ursachen von Jugendgewalt“ auch als „Mechanismen“ charakterisiert, womit ein Hinweis auf eine funktionalistische und deterministische Vorstellung sozialen Handelns gegeben wird. Diese tritt in der anschließenden Präsentation jener vermeintlichen Ursachen bzw. „kumulierten Risikofaktoren“ in mehreren Varianten deutlich zutage. Beispielsweise würden junge Männer viermal so häufig kriminell wie junge Frauen, auch ein niedriger Bildungsabschluss, das Entbehren eines deutschen (und der Besitz eines türkischen) Passes und „Integrationsprobleme“, „Erziehungsdefizite“, Arbeitslosigkeit, Armut, politische Unzufriedenheit, tatsächliche oder subjektiv empfundene Ausgrenzung sowie „Medien-„ bzw. „Gewaltkonsum“ etc. erhöhten die/ führten zu „Gewaltbereitschaft“ oder „Gewalt“.

Indem Buck so den potentiellen „Gewalttäter“ konturiert, lässt er es also nicht an stigmatisierenden Implikationen mangeln. In der Beschreibung jeder „Ursache“ bzw. jedem „Risiko“ finden sich kausallogische Ursache-Wirkung-Konstruktionen, wobei die „Ursachen“ teils so unspezifisch wie selbsterklärend erscheinen: „Zunehmende Desintegration fördert auch allgemein die Gewaltbereitschaft sowie fremdenfeindliche und rechtsextreme Einstellungen.“ (ebd., S. 167) Als etwas spezifischere Ursachen werden „empfundene Missachtung“ und „gewalttätige Filme“ angeführt. Dabei werden nie die Beurteilungen oder Definierer/innen von „Gewalt“ und „Gewaltbereitschaft“ hinterfragt, sondern einzig 1/ Jugendliche, z.T. sogar als „aggressive Per-

---

[51] Buck bezieht sich mit Brinkmann auf die deutsche Situation und verweist hinsichtlich der Übertragbarkeit auf die Ähnlichkeit der gesellschaftlichen Rahmenbedingungen.

sönlichkeiten“ sowie 2/ ihre Eltern: „Kinder erfahren durch ihre Eltern, dass Gewalt vor Recht geht.“ (ebd., S. 168).

In der Beschreibung von bereits stattgefundenen sozialpolitischen Reaktionen in Österreich sowie in dem Abschnitt „Was kann (Sozial)Politik tun? Zukunftsorientierte Vorschläge für Handlungsmöglichkeiten *gegen* Jugendgewalt“ [52] lässt sich eine klare Tendenz zu umfassenden Präventionsprogrammen erkennen, während längere Strafen u. a. mit folgender Begründung in den Hintergrund treten: „Längere Haftstrafen oder Bootcamps helfen bei denen nicht, die noch gar nicht vor dem Richter stehen.“ (vgl. ebd., S. 171) Buck argumentiert bezüglich einer „Bekämpfung der Jugendgewalt“ also nicht unbedingt gegen repressive Maßnahmen, sondern schließt sich eher dem ordnungspolitisch und ökonomisch attraktiven Gedanken an, das Problem quasi an den Wurzeln zu packen, so dass härtere Maßnahmen und Strafe kritiklos bleiben, während mit „primärer, sekundärer und tertiärer Prävention“[53] zusätzliche Kontrollmöglichkeiten geschaffen werden können.

Bucks Schilderungen zu schon bestehenden sowie vorgeschlagenen Reaktionen lassen es zu, aus dem was getan wird/ werden soll Hinweise abzuleiten, wem welche Defizite zugeschrieben werden. So wird häufig ein Mangel an sozialen Kompetenzen bei Jugendlichen und ihrem Umfeld als Prämisse von Maßnahmen erkennbar. Bei der „primären Prävention“, wie von der Organisation NEUSTART praktiziert, wird zudem eine Verknüpfung von Defizitzuschreibungen und sozialer Kontrolle vernehmbar: „Dabei geht es um das Erkennen von Risikofaktoren in der frühen Kindheit. Die Kinder sollen gegen diese Risikofaktoren resistent gemacht werden. Dies geschieht durch Elterntrainings, in denen versucht wird, auf den Erziehungsstil Einfluss zu nehmen.“ (ebd., S. 171/177). Dieses Vorgehen impliziert, dass Eltern und ein „falscher“ Erziehungsstil als Risikofaktoren betrachtet werden, gegen welche, im Jugendalter potentiell gewalttätige Kinder, wie gegen einen Krankheitserreger, „resistent“ gemacht werden sollen. Eltern geraten also unter Generalverdacht ihre Kinder zu „Gewalt“ zu erziehen, womit ein „Einfluss nehmen“ von professioneller Seite gerechtfertigt wird. Buck bedient somit ein Kontrollrhetorik, durch die ein Eindringen in den privaten Bereich von Familien legitimierbar wird – sogar ohne dass Aktionen

52 Vgl. ebd., S. 173, Hervorhebung von KVB.

53 Buck bezieht sich in dieser Unterscheidung auf W. Stangl, 2009.

stattgefunden hätten, die als „normabweichend“ oder „gefährlich“ etikettierbar wären.

Die acht Handlungsvorschläge, um „die Ursachen von Jugendgewalt zu beseitigen“, knüpfen an schon vorhandene Strategien an, es bedürfte nur mehr „sozialpolitischer Steuerung“ und einer „Vernetzung“ von Fachdisziplinen zur Hervorbringung einer „Gesamtstrategie“ (vgl. ebd., S. 173/178f). Das Bestreben der Steuerung, Vernetzung und Gesamtstrategie indiziert, dass eine zentrale Verwaltung des „Problems“ und Kontrolle von „Verdächtigen“ und „Gefährlichen“ angestrebt werden soll. Dementsprechend wird der Bedarf verkündet, dass es einer Koordination von Sozialpolitik und anderen Bereichen der Politik bedürfe:

> „Dies sind die Ordnungs- und Sicherheitspolitik im Hinblick auf die Regelung des Waffenrechts ebenso wie die Bildungspolitik und die Justizpolitik, sowohl hinsichtlich des rechtlichen Rahmens als auch hinsichtlich der Strafzumessung, außerdem auch die Integrationspolitik im Hinblick auf MigrantInnen.“ (ebd., S. 173)

Um zu Konkretisieren wie eine solche „Koordination“ aussehen könnte, zieht Buck ein „abgestuftes Konzept von Repression und Sozialpolitik“ heran, das in Köln eingeführt wurde:

> „Angeboten wurde eine Vielzahl von sozialpädagogischen Hilfsmaßnahmen für Kinder, Jugendliche und deren Familien, aber auch strafrechtlicher Druck auf die Familien. Die betroffenen auffälligen Kinder wurden in eine Vorschuleinrichtung geschickt [...]. Bei Verweigerungshaltung der Eltern wird ihnen das Sorgerecht entzogen und die Kinder werden in Heime verbracht.“[54] (ebd., S. 173f)

Buck preist demzufolge ein Konzept an, das vorsieht, Familien unter Androhung von Sorgerechtsentzug und Heimunterbringung sozialpädagogische „Hilfen“ aufzuzwingen. Die Koordination soll demnach einer erpresserischen Zusammenarbeit zum Zweck der Assimilation von „Auffälligen“ dienen.

Gleichzeitig ermöglichen Bucks allgemeine politische Handlungsvorschläge Legitimationen zur Kontrolle der verdächtigten Risikogruppen. So seien die drei Formen der Prävention auszubauen und von der Sozialpolitik Strukturen und Ressourcen bereitzustellen, um Präventionsprogramme von genügend Pädagog/innen und Sozialarbeiter/innen durchführen zu lassen, die sich „um die Jugendlichen kümmern können“

[54] Die Schreibweise im letzten Satz entspricht dem Original.

(vgl. ebd., S. 174). Zudem sollen Programme zur Gemeinde basierten Vernetzung etabliert werden:

> „Eine Vernetzungsstrategie einer gesellschaftlichen Politik gegen Gewalt sind Konzepte mit dem Grundgedanken, dass Programme, die gesellschaftliche Aufmerksamkeit erhöhen, ein beträchtliches Potential für die Prävention von Jugendgewalt haben. Dazu gehören: Nachbarschaftliche Partnerschaftsprojekte, Family Group Conferences [...], Gemeinwesenbezogene Initiativen von Schulen und der Jugendwohlfahrt.“[55] (ebd., S. 175)

So ermöglicht Buck ‚basierend auf dem Verdacht der „Gewalt“, Legitimationen für 1/ ein potentiell intrusives, „frühes“ und kontrollierendes „Aufsuchen“ und „Kümmern“ um Kinder und Jugendliche in sämtlichen Lebensbereichen (privater Bereich: Familie, Nachbarschaft, Lebensraum: Gemeinde, öffentliche Bereiche: Schule, Kindergarten, Jugendwohlfahrt) durch mehr Professionelle und Hilfskontrolleure (z.B. Nachbarn) und 2/ eine allgemein erhöhte Aufmerksamkeit der von jungen Menschen (potentiell) ausgehenden „Gefahr“ und ihrer „Gefährdung“ – also der Förderung eines Risikobewusstseins bzw. Generalverdachts und somit potenziell auch einer Anzeigebereitschaft.
In vielfältiger Weise (über die herausgegriffenen Textstellen hinaus) demonstriert Rainer Buck eindrucksvoll wie nützlich und ausbaufähig das Skandalisierungskonzept der „Jugendgewalt“ für die Sozialpolitik sein kann und welches Potenzial sich dadurch für eine Ausweitung von Systemen sozialer Kontrolle entfalten lässt. Des Weiteren unterstützt der Autor eine erpresserische Zusammenarbeit von sozialer Arbeit und Justiz.

Jugendgewalt als soziale Krankheit

Die Position von Gerald Knapp, der in seinem Beitrag „Jugendgewalt und Jugendwohlfahrt in Österreich“ speziell im Hinblick auf den sozialpädagogischen Umgang mit dem „sozialen Problem“ diskutiert, erscheint widersprüchlich. Dies lässt sich durch eine Gegenüberstellung einer einleitend geäußerten scharfen Kritik an medialen und politischen Thematisierungen von „Jugendgewalt“ und Knapps eigener Darstellung von „Jugendgewalt“ zeigen. Knapp beklagt, dass die häufigen Berichte über eine zunehmende Gewaltbereitschaft Jugendlicher in Österreich ein äußerst negatives Bild von Jugendlichen vermittelten, indem sie z.B. einzelne Fallgeschichten dramati-

[55] Aufzählung im Original untereinander mit Aufzählungszeichen.

sierten, während „populistische Rattenfänger“ ausgrenzende Reaktionen wie Strafverschärfungen oder die Wiedereinführung von geschlossenen Heimen in Ermangelung einer differenzierten Ursachenanalyse forderten. Polarisierend wird eine Politik der Ausgrenzung und disziplinierenden und ausgrenzenden Strategien, die neue Formen der Radikalisierung hervorbrächten und Gewaltbereitschaft bei Jugendlichen nur verschärften mit einer reflektierten und um Reformen bemühten Jugendwohlfahrt und Sozialarbeit kontrastiert (vgl. Knapp 2009, S. 183f).

Mediale Dramatisierungen und populistisch geforderte repressive Vorgehensweisen werden jedoch nicht kritisiert, um angeblich zunehmende „Jugendgewalt“ als nützliches Etikett zu hinterfragen bzw. sich davon zu distanzieren, sondern sie so zu konstruieren, dass sie sich vornehmlich als „Aufgabe“ und „Herausforderung“ der Sozialen Arbeit und als Gegenstand verschiedener Arten von Sozialforschung darstellen lässt – also für *andere* Partikularinteressen nutzbar wird. Eben dadurch, so scheint es, entstehen Widersprüche in Knapps Umgang mit der Konstruktion Jugendgewalt.

In der Darstellung des methodischen Vorgehens, in kritischen Anmerkungen sowie im gelegentlichen Apostrophieren von Jugendgewalt oder Gewaltbereitschaft fällt auf, dass sprachlich und formal gewisse Analogien zu reflexiven Perspektiven erkennbar werden. So wird beispielsweise nach dem „Kontext“ bzw. den „Entstehungsbedingungen für ‚Jugendgewalt‘“ gefragt, populistische Inszenierungen und „ordnungspolitische Maßnahmen“ kritisch kommentiert und häufig auf die Gefahr von Stigmatisierungs- und Ausgrenzungsprozessen hingewiesen (vgl. ebd., S. 183f, 186, 191, 196, 213). Außer in der Kritik des politischen Populismus bleibt eine Ähnlichkeit jedoch auf der sprachlichen Ebene. Umso klarer erscheint der Kontrast zwischen einer Untersuchung von Jugendgewalt als Skandalisierungskonzept und Moralpanik oder als „soziales Problem“ infolge moderner gesamtgesellschaftlicher Entwicklungen.

Vor allem in Knapps Ausführungen zu vermeintlichen „Auslösern“ von „Jugendgewalt“ wird eine ätiologische Perspektive, behavioristische Erklärungen von „aggressiven Verhaltensmustern“ und pathologisierende Etikettierungen erkennbar. Beispielsweise findet sich unter der Überschrift „Das Familiensystem als Auslöser für Jugendgewalt“ folgende Erklärung:

> „[Wirtschaftliche und soziale Problemlagen, KVB] führen zu Konfliktsituationen deren Zuspitzung nicht selten in physischer und psychischer Gewalt gegenüber Frauen und Kindern endet und den Nährboden für die Gewaltbereit-

> schaft von Kindern und Jugendlichen darstellt. Eltern dienen den Heranwachsenden vielfach als Verhaltensmodell, die sie in ähnlichen sozialen Situationen zur Nachahmung anregen." (ebd., S. 194)

Das simple Modell der „Nachahmung" drängt hier einen subjektiven Sinn und individuelle Gründe von Handlungen völlig in den Hintergrund. Auch werden verschiedene „Belastungsfaktoren" aufgezählt, die zur Entwicklung von „abweichenden" und „aggressiven Verhaltensmustern" führen könnten. Dabei werden vor allem „Arme" und „Trennungskinder" mit pathologisierenden Etiketten versehen:

> „Auch psychische Schwierigkeiten wie Angstzustände, Schlafstörungen, emotionale Labilität und regressive Verhaltensmuster können Anzeichen für Armutserfahrungen sein. Die Kinder und Jugendlichen von arbeitslosen Eltern sind beispielsweise besonders belastet und benachteiligt. Die Benachteiligung äußert sich häufig in Form von Aggression oder Gewalttätigkeiten [...]." (ebd., S. 195)

Die Darstellungen von „Gewaltbereitschaft" als Keimling auf dem Nährboden elterlicher „Gewalt" sowie von „Aggression" als eines der Symptome von Armut sind repräsentativ für das wiederholte Herstellen von Korrelationen zwischen „Gewalt" und anderen vermeintlichen „sozialen Problemen" oder Pathologien in Knapps Beitrag. So kann ein Eindruck von einem „Problemsumpf" (hauptsächlich am „unteren" Ende der Gesellschaft) entstehen, aus dem allerlei Normabweichungen sprießten. Auch wird einerseits ein um die belasteten Heranwachsenden besorgter Ton angeschlagen, während „Armut" durch die Verkettung mit verschiedenen „psychischen Schwierigkeiten" sowie „Aggression und Gewalttätigkeiten" zu einem Stigma ausgeformt wird. Sollen also Ausgrenzungs- und Stigmatisierungsprozesse, vor denen Knapp wiederholt warnt vermieden werden, erscheint es sinnvoll, das eigene „Expertenwissen" auf stigmatisierende Implikationen hin zu überprüfen. Indem Knapp „Jugendgewalt" als „multidimensionales Phänomen" konstruiert, erschafft er ein Verdichtungssymbol, das zur Problematisierung von jungen Menschen und deren Umfeld verwendet werden kann (vgl. ebd., S. 192-201). Ein Unterschied zum vom Autor kritisierten medialen und politischen Umgang mit „Jugendgewalt" scheint hauptsächlich in der pädagogisch „fürsorglichen" Sprache zu liegen.

Auch bedient sich Knapp selbst der eigens kritisierten Dramatisierung, indem er z.B. als Selbstverständlichkeit einschiebt, dass Provokationen und gewalttätige Handlungen von Jugendlichen *immer* Signale „sozialer Probleme" und „Hilfeschreie" seien (vgl. ebd., S. 213). Es soll wohl ein Hilfebedarf offensichtlich erscheinen, welcher der Jugendwohlfahrt und anderen sozialen Dienstleistern die Intervention auf das „soziale Problem Jugendgewalt“ zuspielt. Prominent wird diese Tendenz in der Frage danach, wer sich denn nun den deklarierten Normabweichlern annehmen soll:

> „Im Zusammenhang mit den Entstehungsbedingungen von Jugendgewalt [...] stellt sich die Frage wohin mit den ‚schwierigen‘ Jugendlichen und in welcher Form soll die Gesellschaft bzw. das Jugendwohlfahrtssystem darauf reagieren? Welche Träger und Betreuungsformen gibt es im österreichischen Jugendwohlfahrtssystem, die sich diesen ‚aggressiven‘ bzw. ‚gewalttätigen‘ Jugendlichen annehmen und mit welchem theoretischen Zugang?“ (ebd., S. 201)

In der Darstellung der österreichischen Jugendwohlfahrt und von „Ansatzpunkten und Maßnahmen *gegen* Jugendgewalt“[56] widersprechen sich nicht nur Rhetorik und Kritik, auch scheint sich ein Bruch zwischen erwünschten praktischen sowie theoretischen Entwicklungen und möglichen Folgen anzukündigen. Dies kann anhand der Gegenüberstellung von einigen Aussagen anschaulich gemacht werden: So wird auf der einen Seite ein stark bürokratisches und zentralistisches System mit ausgeprägten Kontrollmechanismen angesichts der Herausforderungen des 21. Jh. für die Jugendwohlfahrt „nicht mehr“ als „am wirksamsten“ angesehen. Stattdessen soll sich wieder der Lebensweltorientierung erinnert und die österreichische Reformpädagogik reaktiviert werden (vgl. ebd., S. 205/212f). Auf der anderen Seite wird „Jugendkriminalität“ als ein „gesamtgesellschaftliches Problem“ geschildert, das „weitreichender Strategien und Maßnahmen auf unterschiedlichen politischen Ebenen“ bedürfe, was dann beispielsweise im Plädieren für den Ausbau ganztägiger Schul- und Betreuungsformen impliziert, dass es mehr Einfluss und Kontrolle pädagogischer Fachkräfte bedürfe, um Jugendliche zum erwünschten Betragen zu bringen (vgl. ebd., S. 206/210). Außerdem wird auf der einen Seite für „die Überwindung einer Defizitperspektive im Bereich der Gewaltprävention“ und gegen eine „gesellschaftliche Tabuisierung, Ächtung und Ausgrenzung“ geworben, während in demselben Absatz von „schwierigen“, „aggressiven“ und „gewalttätigen“ Jugendlichen die Rede ist, die man auf einen „‘gewaltfreien‘ Lebensweg führen“ möchte (vgl. ebd., S. 212).

Widersprüchlichkeiten innerhalb des Beitrages von Gerald Knapp scheinen im wesentlichen dadurch zu entstehen, dass Kontrollfunktionen und Definitionsmacht von Pädagog/innen und Sozialarbeiter/innen nicht konsequent reflektiert werden. Es entsteht der Eindruck, dass man als Fürsprecher und Helfer im Gegensatz zu „populisti-

[56] Hervorhebung von KVB.

schen Rattenfängern“, die Strafe fordern, doch wenig Schaden anrichten könne. Man bräuchte nur genügend Ressourcen, Vernetzung (z.B. mit Schulen, Justiz und Polizei), das entsprechende „methodische Rüstzeug“ und natürlich jede Menge Angebote und Prävention, um Jugendliche „gewaltfrei“ zu machen.[57] Was allerdings mögliche Folgen davon sind, wenn dies alles anhand des Etiketts der Jugendgewalt eingefordert wird und Jugendliche als Opfer widriger Verhältnisse dargestellt werden, die ohne konkreten Grund „gewalttätig“ sind oder verdächtig es zu werden, wird nicht reflektiert.

Jugendgewalt erklärt als empfundener Mangel an Teilhabe

Mit dem Beitrag „Prävention und Jugendgewalt“ knüpft Otger Autrata sowohl mit der theoretischen Basis der Subjektwissenschaften[58] als auch im Ausarbeiten der von Bringfriede Scheu angedeuteten Handlungsperspektiven der Partizipation und der Gewaltprävention an den Beitrag seiner Mit-Herausgeberin an. Einleitend kündigt der Autor an, dass zwischen medialen Schreckensszenarien und der „Verharmlosung“ eine „sachangemessene Analyse“ zu stellen sei, die *die* Basis für den Umgang mit Jugendgewalt liefern soll (vgl. Autrata 2009, S. 223). Wie schon im Vorwort des Bandes impliziert, scheint es hier also nun darum zu gehen, mit dem letzten Beitrag einprägsam eine dominante Perspektive auf „Jugendgewalt“ hervorzuheben.

Im voran gestellten Abschnitt zur „Erfassung von Jugendgewalt“ wird erkennbar, dass für diese Perspektive Jugendgewalt als „Phänomen“ vorausgesetzt und als wissenschaftlicher Gegenstand konstruiert wird. Letzteres geschieht zum einen durch eine Erörterung und Operationalisierung des Gewaltbegriffes. Wie von Scheu wird eine Relativität angedeutet, dann aber ein Verständnis von Gewalt hervorgebracht, dass diese zum einen als „physische Schädigung“ fasst und zum anderen eine Verwendung als Sammelbegriff legitimiert, indem konstatiert wird, sie würde sich in konkretem Handeln, in „Bullying“, „delinquentem, dissozialem Verhalten“ etc., „auffächern“ (vgl. ebd., S. 224f).

---

57 In welch beachtlichen Ausmaßen Veränderungen und Ressourcen auf Basis von „Jugendgewalt“ eingefordert werden, zeigen vor allem die geschilderten politischen „Herausforderungen“ und die Vorschläge zur Weiterentwicklung des österreichischen Jugendwohlfahrtssystems (vgl. ebd., S. 206-216).

58 Wie von Klaus Holzkamp (1983) und Anderen formuliert.

Zum anderen wird diskutiert, inwiefern (steigende) „Jugendgewalt“ durch Kriminalitätsstatistiken, Viktimisierungsstudien etc. empirisch erfasst werden könne. Wobei die Diskussion in der Aussage mündet, dass Jugendgewalt sich durch eine erhöhte gesellschaftliche Aufmerksamkeit teils aus einem „Dunkel-“ in ein „Hellfeld“ verlagert hätte, es daher zwar keinen quantitativen Anstieg gäbe, dies aber nicht der Aufgabe enthebe, einen pädagogischen Umgang damit zu finden (vgl. ebd., S. 225-230). „Jugendgewalt“ soll also trotz des Ausbleibens eines Anstieges pädagogisch mit umfangreichen Maßnahmen bekämpft werden. Hier entsteht der Eindruck, dass die Konnotation von „Gefahr“ und „Gefährdung“ des Etiketts der Jugendgewalt schon so stark etabliert wurde, dass es an sich zur Legitimation von Reaktionen genügt.[59] Wie einige andere Expert/innen, bedient sich Autrata aber zudem der Wirkung einer bloßen Erwähnung von „School Shootings“ (vgl. ebd., S. 230).

Als einzig adäquate Lösung stellt Autrata die Methode der Prävention dar; zunächst anhand einer methodologischen Bestimmung, dann als Gewaltprävention, die Partizipation fördern können soll, und schließlich als Prävention von Jugendgewalt. Allgemein erhofft man sich von Prävention den Nutzen, „Ressourcen und Kosten“ einzusparen, indem man „sozialen und individuellen Fehlentwicklungen“ vorbeugt. Prävention wird also als „vorbeugendes Eingreifen“ beschrieben, das den Zweck hat, „einen bestimmten Tatbestand nicht eintreten zu lassen“ (vgl. ebd., S. 241f). Die sprachlichen Mittel implizieren hier sowohl ein ökonomisch berechnendes als auch ein normatives Denken, dass „leidvollen Erfahrungen“ die Anpassung an herrschende Normen als Alternative gegenüberstellt und als Legitimation zum Einsparen von Sozialleistungen dienen könnte. Auch werden Handlungen als „Fehlentwicklungen“ bezeichnet und diese als Legitimation verwendet, um in das Leben von Personen(-Gruppen) kontrollierend *einzugreifen*. Dabei erscheint äußerst fragwürdig, ob „Jugendgewalt“ überhaupt „vorgebeugt“ werden kann, wenn sie als „Tatbestand“ definiert wird. Wahrscheinlicher erscheint es, dass es immer „Jugendgewalt“ geben wird, solange das Etikett verwendet wird (an dessen Etablierung Autrata u. a. ja mitarbeiten) und Personen(-Gruppen) empirisch ermittelt und etikettiert werden, um sie zu

[59] Dieser Logik zufolge müssten Häuser in Deutschland erdbebensicher gemacht werden, obwohl keine Erhöhung seismischer Aktivität festgestellt werden kann; einfach weil es Erdbeben gibt oder sich die Bevölkerung neuerdings mehr für Erdbeben interessiert (und vielleicht weil Konzerne, die die Aufrüstung der Häuser übernehmen wollen, vor Erdbeben warnen).

Adressat/innen zu machen, mit denen (evtl. ebenso etablierte) Präventionsprojekte und andere Maßnahmen gefüllt werden, die durch einen „Zulauf“ eventuell erneut legitimierbar werden.

Für die subjektwissenschaftliche Betrachtungsweise von Jugendgewalt, auf die Autrata seinen Vorschlag zur Prävention von Jugendgewalt gründet, erscheint ein Zusammenhang von Individuen und Gesellschaft zentral. So wird den Handlungen Jugendlicher ein subjektiver Sinn und eine Funktionalität, nach denen man fragen müsse, zugesprochen, während zugleich ätiologisch nach den gesellschaftlichen Ursachen für Jugendgewalt gefragt wird. Beide Aspekte sieht Autrata in folgender Kernthese berücksichtigt: *„Jugendgewalt ist eine Handlungsform Jugendlicher, die sich auf eine als mangelhaft bewertete gesellschaftlichen Teilhabe bezieht.“*[60] (ebd., S. 249). Daraufhin lässt sich fragen, inwiefern noch Raum eingeräumt wird, Akteure nach Sinn und Funktion konkreter Aktionen zu fragen (was als Anspruch dargestellt wurde), wenn man schon zu wissen glaubt, dass ein „Ausgangspunkt von Jugendgewalt“, von dem man wohlbemerkt die Entwicklung eines umfassenden Präventionsprogramms abhängig macht, ein „*empfundener* Mangel an gesellschaftlicher Teilhabe“ ist (vgl. ebd., S. 251f, Hervorhebung von K.V.B.).

Eben dieser Ausgangspunkt wird zudem potentiell folgenreich und beinahe zynisch mit der Behauptung gestützt, die „Empfindung“, dass die gesellschaftliche Teilhabe beschränkt sei, müsse nicht mit „der Wirklichkeit“ übereinstimmen. Die vermeintliche Ursache der als „gewalttätig“ Etikettierten, beruht demnach auf dem Verdacht, dass deren Wahrnehmung ihrer „tatsächlich vorhandenen Möglichkeiten“ falsch sei. Hiermit wird eine Begründung geliefert, *nicht* zu fragen, wo Ausschließung durch welche Akteure und Institutionen mit welchem Interesse und aufgrund welcher Machtverhältnisse stattfindet, vielmehr wird dadurch bei den „abweichenden“ Individuen und Gruppen eine Schuld für Benachteiligungen gesucht, da diese ja nur nicht merken, dass ihnen die Welt eigentlich offen steht.

Die Darstellung seines praktischen, aber doch sehr abstrakten Bearbeitungsvorschlages einer als gefährlich und leidensstiftend problematisierten Jugendgewalt überschreibt Autrata mit „Gewaltprävention als Förderung von Partizipation“. Im Folgenden wird deutlich, wie Autrata eine Zuschreibung potentieller Gewalttätigkeit als Chance für „Partizipation“ darstellt:

[60] Hervorhebung und Schreibweise aus dem Original übernommen.

> „Gewalt von Jugendlichen wird als funktional und subjektiv begründet eingeordnet: Sie versucht, als unzulänglich gesehene Partizipationsmöglichkeiten über das Mittel der Gewalt zu verbessern. Unterbindet man Gewaltausübung lediglich, sind die Bedeutungen und Begründungen, die für Gewalt sprechen, davon nicht tangiert. Das subjektive Nichtzurechtkommen mit der Welt, das sich dann in der Gewaltausübung äußert, bleibt. In der Zielsetzung geht die hier vorgeschlagene Gewaltprävention davon aus, dass eine sozialräumliche Situation zu entwickeln ist, in der Partizipation für alle möglich ist und damit Gewalt dysfunktional wird.“ (ebd., S. 252f)

„Sie“, also *die* „Gewalt von Jugendlichen“, versucht demnach (persönlich) „subjektiv“ (aber *eigentlich* als allgemeines Nichtzurechtkommen mit der Welt?) „Partizipationsmöglichkeiten“ (wobei unklar bleibt, wer, woran genau partizipieren möchte) zu verbessern (das gilt für jede Interaktion?). Während diese Erklärung einerseits zeigt, wie unbrauchbar das Verdichtungssymbol ist, um menschliche Interaktionen zu beschreiben, wird außerdem angedeutet, dass es mit der hier vertretenen Auffassung von Partizipation um eine Einwirkung auf Sozialräume geht.

Diese Aufgabe soll eine konzeptionell und in ihrem Grundverständnis sich „ausweitende“ Soziale Arbeit übernehmen, die aus „den Quellen der Wissenschaftlichkeit und Fachlichkeit“ schöpfen soll, um als „erkenntnisvermittlende und organisierende Instanz“ 1/ „sozialräumliche Gestaltung“ und 2/ „die Förderung von verallgemeinerter Partizipation“ anzuleiten. Andeutungen in dieser Idee lassen provokative Spekulationen bezüglich einer konkreten Umsetzung zu: Sollen pädagogische Fachkräfte und Expert/innen sich mit vorgefertigten Konzepten und entsprechendem „Wissen“ in einen „Sozialraum“ begeben, um die Menschen dort „erkenntnisvermittelnd“ darüber zu unterrichten, welche Probleme sie haben? Könnte es den Adressat/innen dieses Vorhabens nicht suspekt erscheinen, sollten fremde Menschen mit einer gewissen Autorität in ihren persönlichen Lebensraum eindringen und womöglich das Vorurteil erkennen lassen, dass sie nicht mit der Welt zurechtkämen, sie sich einen Mangel an Teilhabemöglichkeiten einbildeten und ihnen daher eine potentielle Gewalttätigkeit unterstellen?

Implikationen zur Ermöglichung von Kontrolle, Bevormundung und Assimilation finden sich in der Ausdrucksweise zur 1/ „Gestaltung des Sozialraums“…

> „Soziale Arbeit aus dieser Warte beschäftigt sich nicht mit dem Ergebnis von Fehlentwicklungen des Sozialraums, sondern wirkt auf die Entwicklung selbst korrigierend ein.“ (ebd., S. 254)

… sowie zur 2/ „Förderung von verallgemeinerter Partizipation“:

> „Die Förderung von Partizipation greift aber primär nicht entstandene Problemlagen auf, sondern arbeitet an der Passung von Subjekten und Gesellschaft als solcher. [...] Nicht eine partikulare Partizipationsförderung, die Einzelnen die Durchsetzung ihrer Interessen über die Partizipation an gesellschaftlichen Möglichkeiten gestattet, sondern eine Partizipation, die eine gemeinsame Verbesserung von Lebensqualität anstrebt, wird dabei verfolgt.“ (ebd., S. 255)

Demzufolge scheint es, dass Sozialer Arbeit die Funktion zukommen soll, innerhalb von (noch nicht aber potenziell „falschen“) Entwicklungen, defizitorientiert, potenzielle „Fehlentwicklungen“ zu sehen und zu „korrigieren“. Dabei erscheint es wahrscheinlich, dass Expert/innen bessere Chancen haben ihre Norm- und Regelvorstellungen durchzusetzen, um etwaige „Korrekturen“ daran auszurichten, als Adressat/innen. Fraglich bleibt jedoch, was Autrata unter „korrigieren“ praktisch versteht. Des Weiteren birgt das euphemistisch geschilderte Vorhaben an der „Passung von Subjekten und Gesellschaft“ zu arbeiten, die Möglichkeit, von den Bewohner/innen eines „Sozialraums“ zu fordern, sich in die ihnen zugewiesene Position zu fügen. „Gewalt“ würde so ordnungsgemäß dem Staat als legitim vorbehalten bleiben. Auch auf die Durchsetzung partikularer Interessen soll der Einzelne verzichten und dies lieber höheren Instanzen überlassen, von denen ohnehin angenommen werden soll, dass sie besser wissen, was eine positive Entwicklung ist.

Den soeben dargestellten Möglichkeiten steht aber immerhin das Vorhaben entgegen, Jugendliche und Bürger/innen an Gestaltungsprozessen kooperativ und eigeninitiativ mitwirken zu lassen (vgl. ebd., S. 255/257). Dennoch lässt Autratas Beitrag fragen, warum eine „Paradigmenerweiterung der Sozialen Arbeit“ das Einfordern von Ressourcen für Forschung und sozialräumliche Präventionsprojekte ausgerechnet auf die Basis einer Dramatisierung von „Jugendgewalt“ stellt. Gerade da als Ziel gesellschaftliche Teilhabe hochgehalten wird, erscheint es widersprüchlich und unvorteilhaft, Etikettierungen von Jugendlichen als (potentiell) „gewalttätig“ voranzutreiben, die eben diese Teilhabe erschweren könnten.

6 Weiterführende Gedanken zur Analyse

Es erscheint an dieser Stelle nicht angebracht zu versuchen, die Sichtweisen der Autor/innen in Form einer einheitlichen Beantwortung der Leitfragen zu vermengen. Schon in den einzelnen Analysen konnten nur bestimmte Textstellen herausgegriffen werden, um Einblicke in den jeweiligen Umgang mit dem Etikett der Jugendgewalt zu gewinnen. Die einzelnen Interpretationen können nicht an Aussagekraft gewinnen, wenn sie aus dem Kontext gerissen werden. Dennoch erscheinen im Rückblick einige Ähnlichkeiten in Prämissen, Erklärungen sowie Legitimationen der Beschäftigung mit „Jugendgewalt" auffällig, die aufgegriffen und diskutiert werden können. Die Vergleichbarkeit der Sichtweisen ist allerdings begrenzt, da die Autor/innen „Jugendgewalt" in Anlehnung an unterschiedliche Disziplinen behandeln.
Die Frage danach, was die jeweiligen Darstellungen möglich oder legitimierbar machen, ist sehr weit gefasst. Doch lassen sich als Gedankenstütze zwei Ebenen unterscheiden, auf denen sie diskutiert werden kann: Zum einen „Jugendgewalt" als wissenschaftlicher Gegenstand und sprachliche Konstruktion und zum anderen praktische Lösungsvorschläge für Jugendgewalt.

6.1 Konstruktionen eines nützlichen Problems

Mit Ausnahme des Beitrages von Johannes Stehr haben die Beiträge im Sammelband „Jugendgewalt. Interdisziplinäre Sichtweisen." als Grundannahme gemeinsam, dass Jugendgewalt ein Problem sei, das nicht in Frage gestellt, sondern wissenschaftlich definiert und praktisch gelöst werden muss. Jugendgewalt wird als Kategorie verwendet, in die sich „Taten", Einstellungen, Handlungen oder Personen(-Gruppen) einordnen lassen sollen. Dementsprechend ist von „Gewalttaten", „Gewalteskapaden", „Gewaltbereitschaft", „Gewalthandeln", „gewalttätigen Handlungen", „jugendlichen Gewalttätern" etc. die Rede (vgl. Autrata, Buck, Scheu, Dungs, Höllmüller, Knapp & Suppan 2009). „Gewalttätigkeit" wird also vorwiegend im Sinne einer Diagnose verwendet. Das Problem einer Bestimmung des Gewaltbegriffes wird gelöst, indem auf die bis zur Beliebigkeit ausdehnbare Weite des Begriffes hingewiesen wird, er dann aber im „engeren" Sinne als Bezeichnung für physische Schädigungen eingegrenzt wird (vgl. z. B. Autrata 2009, S. 224) oder aber bemängelt wird, dass das Potenzial des Begriffes zu weiteren Kategorisierungen durch eben diese Verwendung eigentlich noch nicht zur Genüge genutzt wird (vgl. Buck 2009, S. 164). Johannes Stehr vertritt als einziger Autor in dem Sammelband die Auffassung, dass der Begriff der Gewalt gänzlich unbrauchbar ist, um Interaktionen zu verstehen oder zu beschreiben (vgl. Stehr 2009, S. 107/120).

Wenn der Begriff der Jugendgewalt verwendet wird, scheint dies eher Rückschlüsse darüber zu erlauben, welche Handlungen oder welche gesellschaftlichen Verhältnisse aus Sicht jener, die ihn verwenden, unerwünscht sind und welche Interessen mit dem Etikett der „Jugendgewalt“ durchgesetzt werden sollen. Über die Gründe oder den subjektiven Sinn und Zweck von Aktionen, die als gewalttätig beurteilt werden, lässt sich dadurch nichts erfahren. Diese scheinen in der Bearbeitung eines verallgemeinerten „Problems“ kaum eine Bedeutung zu haben. Das Verstehen von Interaktionen scheint vor allem durch eine Tendenz zum Kategorisieren und ursächlichem Erklären in den Hintergrund zu treten. Stehen allgemeine Erklärungen zur Verfügung, so scheint es, spielt es kaum mehr eine Rolle wer, was, warum tut. Implizit oder explizit werden in den Erklärungen vereinfachende (vgl. z. B. Dungs 2009) oder generalisierende (vgl. z. B. Autrata, Scheu, Buck 2009) Handlungsmodelle bemerkbar.

Auch die subjektwissenschaftliche Perspektive, die die Herausgeber gerade mit der Begründung etablieren wollen, dass sie als einzige Sinn und Funktion von Handlungen berücksichtigt, setzt voraus, dass zunächst „Gewalt“ zugeschrieben wird (vgl. Scheu, Autrata 2009). Denn man möchte „Gewalthandeln“ erklären und nicht etwa die Beweggründe von Akteur/innen und deren Deutungen einer Situation verstehen. Das Verstehen von Handlungen soll demnach erst angestrebt werden, wenn schon geurteilt und Untersuchungsobjekte bzw. Klient/innen geschaffen wurden. Nach diesem Modell könnte das Etikett der Gewalttätigkeit auch gar nicht dadurch abgewehrt werden, dass Beteiligte ihre Sicht einer Situation schildern. Voraussetzung dafür, dass sie überhaupt gefragt würden, wäre ja, dass sie schon als „gewalttätig“ beurteilt wurden. Normen und Regeln, die von wissenschaftlichen Expert/innen und Sozialarbeiter/innen angewandt werden, hätten also Vorrang vor jenen der Beteiligten.

Otger Autrata, Bringfriede Scheu und Hubert Höllmüller scheinen des Weiteren nicht zu berücksichtigen, dass sich der Begriff der „Gewalt“ wohl kaum „neutralisieren“

lassen wird.[61] Betrachtet man die Geschichte des Gewaltbegriffes (siehe Kap. 3.1), erscheint es unwahrscheinlich, dass die etablierte und nützliche negative Bedeutung des Etiketts es ermöglicht, der breiten Öffentlichkeit und machthabenden Akteuren eine verständnisvollere Haltung gegenüber „Gewalttätern" nahe zubringen. Das Risiko einer stigmatisierenden Wirkung oder strafender und repressiver Reaktionen als Folgen der Zuschreibung von Gewalt bliebe demnach bestehen, selbst wenn man es schaffen würde, den Begriff für pädagogische Kontexte zu „neutralisieren".

„Jugendgewalt" wird nicht nur als Sammelsymbol, sondern auch als Etikett für „Fälle" oder Handlungen benutzt (vgl. z. B. Suppan 2009, S. 126/136). Einige Autor/innen verhindern, dass die Unschärfe des Etiketts durch diese breite Verwendung allzu offensichtlich wird, indem sie es in Referenz auf schockierende Medienphänomene mit Vorstellungen füllen.

Vor allem Amokläufe(r) finden Erwähnung (vgl. Autrata, Buck, Dungs 2009). Diese erscheinen gleich für mehrere Zwecke nützlich: Die Erwähnung von Amokläufen bzw. „School Shootings" lässt die Gefahr offensichtlich und sehr hoch erscheinen, da an Ereignisse erinnert wird, bei denen Schusswaffen benutzt wurden und bei denen es Tote gab. Indem sie nicht als einzelne Ereignisse betrachtet werden, sondern „Jugendgewalt", quasi als schlimmste Ausprägung, zugeordnet werden, bekommt das gesamte Konzept den Beigeschmack der Todesgefahr. Die Erzeugung von Angst scheint dabei keine unwesentliche Rolle zu spielen. Schließlich lassen sich „Bedrohtheitsgefühle" in der Bevölkerung zur Legitimation nutzen, um „Jugendgewalt" als Aufgabe für soziale Arbeit (vgl. Autrata & Scheu 2009, S. 7) oder sogar als Angriff auf das staatliche Gewaltmonopol (vgl. Suppan 2009, S. 136) zu definieren. Durch Hervorheben von Bedrohungsszenarien kann sogar als offensichtlich deklariert werden, dass es geradezu verboten ist, „Jugendgewalt" zu „verharmlosen" (vgl. Buck 2009, S. 155, Autrata 2009, S. 130); es wird zwar nicht erläutert, was als „Verharmlosung" zu verstehen wäre, man scheint aber eine bestimmte Sichtweise von vorneherein blockieren zu wollen. Jugendgewalt wird zum Phänomen gemacht, für das

[61] Scheu und Autrata verwenden Ausdrücke wie „Gewalthandeln" oder „Gewalthaltige Handlungsmuster" um Begründung und Funktion zu betonen und vermutlich, um sich rhetorisch von anderen Ansätzen abzuheben (vgl. z. B. Scheu 2009, S. 39). Hubert Höllmüller definiert den Gewaltbegriff positiver als im Alltagsgebrauch, da er Professionellen „Gewaltbereitschaft" näherbringen will (vgl. Höllmüller 2009, S. 72ff).

„Amokläufe" gleichzeitig als anschauliches Beispiel und Beweis herangezogen werden.
Mit Amokläufen als „Aufhänger" scheinen die Expert/innen zudem die wissenschaftliche Beschäftigung mit „Jugendgewalt" als Gegenstand zu begründen. Wer würde nicht zustimmen, dass ein „soziales Problem", das eine so furchtbare Gefahr birgt, erforscht und verhindert werden muss? Obwohl vermutet werden könnte, dass auch der schockierende Effekt von Amokläufen und anderen „Gewalttaten" und somit auch die Beachtung für das Thema „Jugendgewalt" wesentlich von Medienberichten abhängig ist, werden Berichterstattung und öffentliche Debatten gleichzeitig kritisiert (vgl. Autrata 2009, S. 130f, Höllmüller 2009, S. 51f, Suppan 2009, S. 183f). Medien werden also einerseits genutzt, um schockierende Darstellungen zur Veranschaulichung von „Jugendgewalt" zu liefern, sowie um von der Suggestion einer akuten Gefahr einen Auftrag abzuleiten und andererseits getadelt, da sie werten, stigmatisierend wirken und dem Populismus dienen (vgl. Knapp 2009, S. 183f, Autrata 2009, S. 223/242).
Amokläufe scheinen zwar als nützliche Ressource angesehen zu werden, um Konstruktionen von Jugendgewalt eine gefährliche Komponente zu verleihen, stehen jedoch in keinem Beitrag im Fokus. Doch welche Risiken könnte diese Form der Darstellung von Gefährlichkeit bergen?
Für härtere oder längere Haftstrafen, Boot-Camps oder Anti-Aggressivitäts-Training argumentiert keiner der Autor/innen. Populistische Forderungen nach einer Verschärfung des Jugendstrafrechts werden bei Gerald Knapp kritisiert (vgl. ebd., S. 183f). Man könnte nun unterstellen, dass diese härteren Maßnahmen schlichtweg in Konkurrenz mit geplanten Präventionsprogrammen und einer Ausweitung sozialer Arbeit stehen und daher abgetan werden. Mit der Bezeichnung als „tertiäre Prävention", so könnte man mutmaßen, könnten „härtere Maßnahmen" aber unter dem Etikett der Prävention verkauft werden, sofern sie euphemistisch genug umschrieben würden. Es böte sich also an zu fragen, ob tatsächlich Strafpraktiken abgelehnt werden oder nur die Bezeichnung als Strafe.
Noch stärker denn als Gefahr wird „Jugendgewalt" vom Großteil der Autor/innen als „soziales Problem" definiert und diskutiert. So kommt zur Komponente der (potentiellen) Gefährlichkeit von Jugendlichen, die der Gefährdung von Jugendlichen oder ganzen Risiko-Gruppen hinzu. Somit wird in allen Beiträgen, außer dem von Johan-

nes Stehr, der Topos der „gefährdeten und gefährlichen Jugend“ deutlich erkennbar, wobei die Komponente der Gefährdung meist stärker betont wird. In Darstellungen der jeweils angebotenen „Ursachen“ bzw. Ursachen-Komplexe (oder „kumulierten Risikofaktoren“) wird die Komponente der Gefährdung genutzt, um einen Hilfebedarf zu erzeugen. Es werden solche Ursachen für „Jugendgewalt“ präsentiert, mit denen sich ein „soziales Problem“ konstruieren lässt, welches wiederum vornehmlich soziale Professionen auf den Plan ruft, um „Lösungen“ zu finden. Auf dieser Legitimationsstrategie scheint auch die Verlautbarung im Vorwort zu beruhen, die das „Problem Jugendgewalt“ als Aufgabe der Sozialen Arbeit deklariert. Die Vorgehensweise anhand bestimmter „Ursachen“(-Darstellungen) das „Problem“ und auch die „Lösungen“ vorzugeben, wird allerdings nur in den Beiträgen von Otger Autrata, Rainer Buck und Gerald Knapp explizit, da diese Autoren auch Handlungsentwürfe bereitstellen wollen.

Die vorliegende Studie behandelt mitunter die These, dass es einen Verlust an (möglicher) Reflexivität im gesellschaftlichen Umgang mit „Jugendgewalt“ gibt. In Kapitel 5.2 wurde ein Auszug aktueller wissenschaftlicher Diskurse in Österreich und Deutschland mit Bezügen auf den gesellschaftlichen Umgang mit der Konstruktion analysiert. Im Hinblick auf den untersuchten Band ist vor allem der Eindruck stark, dass die Möglichkeit zu einem reflexiven Umgang mit dem für Jugendliche potentiell gefährlichen Konzept gerade dann von vorneherein ungenutzt bleibt, wenn „Jugendgewalt“ als Gegenstand übernommen wird oder als Aufgabe der sozialen Arbeit/Sozialpädagogik und der Sozialpolitik definiert wird. So entstehen Konstruktionen eines Problems, das durchaus nützlich sein könnte für jene, die es definieren, jedoch heikel für jene, die problematisiert werden. Gerade durch Darstellungen von Gefährlichkeit und die soziale Verortung von (potenziell) Gefährlichen werden wissenschaftliche Ressourcen geschaffen, auf die Medien und Politik für ihre Zwecke zurückgreifen und Moralpaniken (re)aktivieren könnten. Durch die Dramatisierungen, die vorgenommen werden, um einen Hilfebedarf zu verkünden – beispielsweise bei Knapp, der Gewalttaten Jugendlicher als „Hilfeschreie“ deutet (vgl. Knapp 2009, S. 213) – werden hilfebedürftige Deviante erzeugt, die mit Hilfe der Sozialpolitik, Jugendwohlfahrt und der Sozialen Arbeit möglichst über den Weg der Prävention normalisiert werden sollen.

Johannes Stehr, der in seinem Beitrag auf eben diese Gefahren der pädagogischen Nutzung des Skandalisierungskonzeptes Jugendgewalt hinweist, ist gewissermaßen ein einsamer Vertreter einer reflexiven Perspektive gegenüber der vorwiegenden Orientierung am ätiologischen Paradigma innerhalb des Sammelbandes.

6.2 Gewaltprävention unter Verdacht

Abschließend lässt sich auf die Intention der Herausgeber zurückkommen, aus den Beiträgen eine Perspektive abzuleiten, die bestimmen soll, „wie künftig mit dem Phänomen der Jugendgewalt umgegangen werden kann“ (vgl. Scheu/Autrata 2009, S. 9). Welche Lösung wird letztlich dem Leser/der Leserin angeboten, der/die nach der Lektüre wissen soll, wie dieses schreckliche Phänomen, das Bedrohtheitsgefühle hervorrufe und leidvolle Erfahrungen für Opfer und Täter/innen stifte, einzudämmen wäre (vgl. ebd., S. 7)?
Der Beitrag von Otger Autrata lässt keinen Zweifel daran aufkommen, dass das Problem der Jugendgewalt nur anhand von Prävention einzudämmen sei. Diesen Standpunkt teilen, aus jeweils unterschiedlichen Perspektiven, jene anderen Autor/innen, die Ursachenanalysen bzw. die Präsentation von Ursachen mit praktischen Handlungsvorschlägen verknüpfen, also: Rainer Buck aus einer sozialpolitischen Perspektive, Gerald Knapp im Hinblick auf die österreichische Jugendwohlfahrt, Bringfriede Scheu aus einer subjektwissenschaftlichen Perspektive und mit Einschränkungen auch Hubert Höllmüller aus einer sozialphilosophischen Perspektive. Da somit fünf der acht Autor/innen Prävention als das geeignete Mittel betrachten, um die jeweils herausgestellten Ursachen zu beheben, lässt sich im Sammelband „Jugendgewalt. Interdisziplinäre Sichtweisen.“ ein Trend zu präventiven „Problemlösungen“ erkennen. Aus diesem Grund soll der Ansatz der Prävention an dieser Stelle aufgegriffen und vor dem Hintergrund einer kritischen Debatte zum Thema Prävention diskutiert werden. Dabei wird das von Otger Autrata vorgelegte Konzept für ein Präventionsprogramm in Anlehnung an subjektwissenschaftliche Erkenntnisse besonders in den Blick genommen.
Thomas Freund und Werner Lindner (2001) weisen in einer kritischen Reflexion von Präventionsaktivitäten in der Sozialpädagogik darauf hin, dass es schon ab Beginn der 80er Jahre kritische Einschätzungen von Präventionsprogrammen und Präventionsrhetorik gibt. Ungeachtet all dieser skeptischen Bestandsaufnahmen, so die Auto-

ren, hätten sich Präventionskonzepte und -ansätze weiter ausdifferenziert und eine merkliche Begriffsinflationierung und -verwirrung erzeugt (vgl. Lindner/Freund 2001, S. 69). Durch die anhaltende Präventionskonjunktur haben sich bereits vielerlei unterschiedliche Ansätze, darunter z.B. der Trias von Primär-, Sekundär- und Tertiärprävention sowie unterschiedliche Spezialpräventionen, wie auch die der Gewalt- und Kriminalitätsprävention, ausdifferenziert. Diese Multiplikation des Präventiven zeugt von der „diffusen Allzuständigkeit“[62] der Jugendarbeit bzw. der Sozialen Arbeit und könnte quasi unendlich weitergeführt werden, würde für jede potenzielle Gefahr die entsprechende Prävention bereitgestellt (vgl. ebd., S. 70).

Gründe, warum sich Prävention als Paradigma großer Beliebtheit erfreut, lassen sich darin vermuten, dass es der Durchsetzung von Interessen nützt, was bei Linder/Freund kenntlich gemacht wird (vgl. ebd., z. B. S.72f). Sozialpädagogik und Jugendarbeit hätten durch die Nutzung prestigeträchtiger Elemente der Prävention eine beachtliche Aufwertung erfahren und können mit diesen zudem die Bereitstellung von Geld erwirken. Am Beispiel von Gewaltprävention lässt sich jedoch zeigen, dass es erhebliche Schwierigkeiten gibt, Präventionsversprechen einzuhalten:

> „Es sieht so aus, als ob die zur Vermeidung von Gewalt ausgeschütteten Millionen für Präventionsprogramme, wie das Anfang bis Mitte der 90er Jahre zur Anwendung gekommene ‚Gewaltprogramm der Bundesregierung‘, wenig wirksam waren. (…)“ (Findeisen/Kersten 1999, S. 28 zit. n. Lindner/Freund 2001, S. 73)[63]

> „Und wer immer noch an Gewaltprävention glaubt, kommt an dem Faktum nicht vorbei, daß am 5. März 2001 ein US-Jugendlicher zwei Mitschüler erschoß und 13 andere verletzte, obwohl die Oberschule Santee bei San Diego gerade ein innovatives Programm zu Konfliktschlichtung eingeführt hatte. (…) Ein konkretes Motiv wurde nicht bekannt.‘ Erst kurz zuvor hatte die Schule ‚umgerechnet DM 180.000 in Vorbeugemaßnahmen investiert, darunter ein Kommunikationssystem zur Meldung gewalttätiger Drohungen.‘ (FR v. 6.03.2001)“ (Lindner/Freund 2001, S. 82)

Demnach kann Gewaltprävention nicht gerade als nachweisliches Erfolgsrezept angesehen werden, auch nicht im Bezug auf Amokläufe. Trotzdem wird bei Autrata, Scheu u. A. die Illusion aufrechterhalten, dass den ausgemalten Horror-Szenarien pädagogisch vorgebeugt werden kann.

62 Thiersch zit. n. Lindner/Freund 2001.

63 Es wurde nicht das komplette Originalzitat als indirektes Zitat übernommen.

Im letzten Kapitel wurde bereits darauf eingegangen, dass die Autor/innen, mit Ausnahme von Johannes Stehr, jeweils Bedrohungsszenarien darstellen oder zumindest auf sie rekurrieren. Bei Autrata geschieht dies durch das Konstatieren einer Ausweitung und den Verdacht eines großen Dunkelfeldes von Gewalttaten Jugendlicher sowie das Rekurrieren auf „School Schootings“ als „worst-case“-Szenario (vgl. Autrata 2009, S. 228-230). Hinzu kommt die Auffassung, dass Soziale Arbeit sich auf die Probleme Jugendlicher konzentrieren soll, statt nur die Gefahr (in Form von „Gewalttätigkeit“) zu sehen, die von ihnen ausgeht (vgl. ebd., S. 231; Scheu 2009, S. 13). Diese Art der Darstellung machen Linder /Freund als typisches Merkmal von Prävention kenntlich:

> „Indem Prävention die Aufmerksamkeit auf potenzielle Gefährdungen legt, erzeugt sie tendenziell erst das Problem, das sie danach bearbeitet. [...] Nicht nur, dass Kinder und Jugendliche zunächst von ihrem (potenziellen) Problem[64] überzeugt werden müssen. Um glaubwürdig zu bleiben, müssen diffuse Bedrohungen auf eine konkrete Gefahr zugespitzt, müssen laufend weitere Gefahren konstruiert werden, gegen die man sich wenden kann.“ (Lindner/Freund 2001, S. 78f)

Jugendgewalt als verstetigte Moralpanik (Stehr 2009) bietet wohl genau die Ressource, die ein Präventionsprogramm braucht, um gegenwärtig und zukünftig legitimierbar zu sein. Vor allem die Problemdefinition von Hubert Höllmüller zeigt, wie „Jugendgewalt“ zu einer dauerhaften Angelegenheit für Prävention gemacht werden kann.[65] Die Gefahren- und Problemsichtweisen zu „Jugendgewalt“ zeugen von dem, was Lindner/Freund auch als das genuine Element der Prävention betrachten, „das sich als *notorische Defensiv- und Defizitorientierung* kennzeichnen lässt.“ (vgl. Lindner/Freund 2001, S. 70, Hervorheb. im Original). Dieser „Pessimismus als reformerische Triebkraft“[66] findet sich auch in einem „Wahrscheinlichkeitsmodell“, das Autrata erstellt, um auf einen ökonomischen und ethischen Vorteil von Prävention hinzuweisen:

> „Wenn es schon zu ‚schlimmen‘ Entwicklungen gekommen ist, sind die – wenn überhaupt – nur mehr mit Mühe und großem Aufwand wieder zu korrigieren. Das verweist auf die Dimension der Ressourcen und Kosten, die eine

[64] Schreibweise aus dem Original übernommen.

[65] Zur Erinnerung: „Das Problemfeld Jugendgewalt entspricht dem Typus vom wiederkehrenden und deshalb unlösbaren Problem.“ (Höllmüller 2009, S. 72).

[66] Rutschky zit. n. Cremer-Schäfer 1997.

> Rückführung sozialer und individueller Fehlentwicklungen erfordert. Dazu kommt auch die ethische Dimension: Solche Fehlentwicklungen lassen auch individuell Leid und Not entstehen." (Autrata 2009, S. 241f)

„Fehlentwicklungen" verursachen der Gesellschaft demnach unnötige Kosten und „Korrekturarbeiten" und fügen dem Einzelnen Leid zu. Es wird eine unspezifische Fehlentwicklung mit einer spezifischeren, schon „bestehenden" individuellen Not vermischt. So werden eine gesamtgesellschaftliche präventive Korrektur sowie eine Korrektur an Individuen legitimiert, das präventive Potenzial der Problemkonstruktion „Jugendgewalt" also gewissermaßen maximal ausgeschöpft. Es wird eine Bedingtheit suggeriert, die die Soziale Arbeit auf den Plan ruft, um „Fehlentwicklungen" abzuwenden und die „richtigen" Bedingungen zu schaffen, um das „richtige" Verhalten hervorzubringen. Hieran wird zum einen demonstriert, „wie sehr Prävention auf rationale Wissenschaft und technische Beherrschung setzt." (vgl. Lindner/Freund 2001, S. 81), zum anderen, dass Autratas Verständnis von Prävention bzw. von feststellbaren Fehlentwicklungen, „Normalitätsfiktionen" zugrunde liegen. Laut Lindner/Freund müssten Normalitätsfiktionen aber ins Leere laufen, sofern es keine oder zusehends weniger generalisierte und in der Realität der Gesellschaft vorfindbare Normalitätsstandards gäbe (vgl. ebd., S. 82f). Selbst wenn man sich zum Zweck der Prävention von „Jugendgewalt" an Rechtsnormen orientierte, was beispielsweise Bernd Suppan unterstützt, indem er Delikte aufzählt, die unter dem Begriff der „Jugendgewalt" subsumierbar wären (vgl. Suppan 2009, S. 137f), erscheint dies auf lange Sicht schwierig, da sich auch das Strafgesetzbuch, wie Lindner/Freund zu bedenken geben, in einem Zeitraum von acht Jahren sechsundzwanzigmal ändern kann und sich daher schwerlich zum beständigen Normenmaßstab eignet (vgl. ebd., S. 83).[67] Des Weiteren lässt sich fragen, was ein Verständnis von sozialer Arbeit und Kinder- und Jugendarbeit als „Normalisierungsarbeit" bedeutet. Laut Wolfgang Völker gehört das Setzen von Normen zu der ersten „geheimen" Voraussetzung von Prävention:

> „Jede Prävention geht von gewünschten Zielen aus. Sie setzt Normen und definiert so, was als Problem zu sehen ist. Diese Definition schließt andere Interpretationen aus. Indem ein Verhalten, ein Ereignis als Problem gesehen wird, wird eine Wertentscheidung über die Gegenwart genauso wie über die Zukunft

[67] Lindner/Freund zitieren zu dieser Aussage Ebert 1997. Das Beispiel der Änderungen des StGB bezieht sich auf den Zeitraum zwischen 1987 und 1995.

> gefällt. Eine bestimmte Zukunft, die als gewünscht betrachtet wird und herbeigeführt werden soll, schließt andere, widerstreitende Zukunftsentwürfe aus. Insofern ist jede Prävention **repressiv**.“ (Völker 1987, S. 10, Hervorhebung im Original)

Indem Autrata in seinem Konzept „Gewaltprävention als Förderung von Partizipation“ versteht, wird Partizipation zum gewünschten Ziel der Prävention gemacht.[68] Dies erscheint jedoch widersprüchlich, da Wissenschaft theoretisch und die Soziale Arbeit praktisch bestimmen wollen/sollen, was als Problem bzw. Fehlentwicklungen gesehen werden soll, welches Verhalten erwünscht und welches unerwünscht ist, während das Ziel der Partizipation impliziert, dass die Akteur/innen selbst bestimmen können sollen, was für sie ein erwünschter Zukunftsentwurf wäre. Das heißt, dass die Bevormundung, die in der normativ-präventiven Bestimmung wünschenswerter gesellschaftlicher Entwicklungen steckt, dem Ziel der Partizipation von vorneherein entgegensteht. Dies impliziert zumindest der Gegensatz von euphemistischer Kontrollrhetorik und dem ideellen Ziel der Partizipation bei Autrata:

> „Der Ausschluss von der Partizipation am sozialen und gesellschaftlichen Leben führt zu Einbußen an Lebensqualität, häufig auch zu problematischen Reaktionen der Betroffenen. Die Förderung von Partizipation setzt damit an der grundsätzlichen Konstituiertheit individuellen und gesellschaftlichen Lebens an: Der Zusammenhang zwischen Gesellschaft und Individualität steht auf dem Prüfstand. Wo dieser Zusammenhang unzureichend ist, eine produktive Bezugnahme von Subjekten auf die Gesellschaft nicht möglich ist, treten Ausschlussprozesse und Probleme auf. Die Förderung von Partizipation greift aber primär nicht entstandene Problemlagen auf, sondern arbeitet an der Passung von Subjekten und Gesellschaft als solcher.“ (Autrata 2009, S. 255)

Autrata baut ein Präventionskonzept auf der Definitionsmacht und den Werturteilen von Expert/innen aus Wissenschaft und Praxis der Sozialen Arbeit auf (vgl. ebd., S.255); es wird in ihre Verantwortung gelegt, zu bestimmen, was korrigiert werden soll, was Lebensqualität ist, was eine problematische Reaktion ist, wo der Zusammenhang von Gesellschaft und Individuum unzureichend ist und Subjekte unproduktiv sind sowie ob und welche Subjekte man folglich an die Gesellschaft (an-)„passen“ muss, um sie wieder produktiv zu machen. Es scheint demnach tendenziell darum zu

[68] Auch Linder/Freund betrachten die Verknüpfung von Prävention und Partizipation wie bei Autrata (2000) als prekär, da auf diese Weise Prävention als eine Handlungsmaxime der Kinder- und Jugendarbeit sich andere einverleibt und dabei „alle problematischen und ungeklärten Aspekte der Präventionslogik durch die Hintertür re-importiert.“ (vgl. Lindner/Freund 2001, S. 86).

gehen, wie Helga Cremer-Schäfer es ausdrückt, mit Disziplinierung und sanften Techniken der sozialen Kontrolle „präventiv" zu versuchen, Menschen mit einem erwünschten und nützlichen Sozialcharakter identisch zu machen (vgl. Cremer-Schäfer 1997, S. 316). Autratas Ausdrucksweise impliziert zudem, was Völker als die zweite „geheime" Voraussetzung von Prävention bezeichnet; nämlich, dass jede Prävention Macht und die Steuerbarkeit von Verhalten voraussetzt, um den erwünschten Zukunftsentwurf erwirken zu können. Insofern sei jede Prävention autoritär (vgl. Völker 1987, S. 10).

Im Bestreben „Gewaltprävention" zu betreiben, kommt zudem der Generalverdacht hinzu, dass den Sozialräumen, auf die man gestaltend einwirken möchte, unterstellt wird, zumindest potenziell eine „Brutstätte"[69] der Gewalt zu sein. Allerdings gibt Autrata keinen Hinweis, welche Sozialräume angepeilt werden sollen. Das Misstrauen, das auch Gewaltprävention inhärent ist, beschreiben Linder/Freund generell als ein konstitutives Element von Prävention (vgl. Lindner/Freund 2001, S. 16f). Die subjektwissenschaftlichen Sichtweisen von Autrata und Scheu lassen zwar deutlich ein Unbehagen gegenüber der Defizitorientierung erkennen (vgl. Scheu/Autrata 2009), die dazu dient, ein Vorbeugen von „Jugendgewalt" zu vertreten, kann sich von dieser jedoch nicht befreien.

Der obige Textauszug zeigt zudem, wie umfassend die Prävention sein soll, die Autrata vorschwebt; sie soll gesellschaftliches Leben grundsätzlich verändern. Soziale Arbeit soll sich konzeptionell ausweiten, um bei der „Gestaltung des Sozialraums" ansetzen zu können (vgl. Autrata 2009, S.253f). Um auf eine Entwicklung statt auf eine ausgewachsene Fehlentwicklung Einfluss zu nehmen, wird die Angriffsfläche breit und unspezifisch gehalten. Deshalb werden auch keine genaueren Täter/innen-Kategorisierungen zum Entwurf des Programms benötigt, sondern nur die Möglichkeit, dass manche Jugendliche zu „Gewalttäter/innen" werden könnten. Dies hat den Vorteil, dass keine stigmatisierenden Zusammenhänge hergestellt werden, wie z.B. bei Rainer Buck und Gerald Knapp (2009), birgt aber andererseits die Möglichkeit der Entgrenzung des Präventionsanspruches (Lindner/Freund 2001, S.87f).

Auch bei Buck und Knapp finden sich sehr weitläufig angelegte Vorschläge zur Prävention von „Jugendgewalt", das liest sich bei Buck beispielsweise so:

[69] Zur „Brutstättenmetapher" siehe Cremer-Schäfer 1997, S. 319-322.

> „Während psychologische Erklärungsansätze für Jugendgewalt eher am Individuum ansetzen, versucht die Sozialpolitik politische und ökonomische Faktoren als Ursache für Gewalt junger Menschen herauszufinden, um dann *Einfluss auf diese Rahmenbedingungen* nehmen zu können und sie im Idealfall so auszugestalten, dass eine Vermeidung oder Reduzierung von Jugendgewalt erreicht werden kann." (Buck 2009, S. 163)

und bei Knapp so: „Ausgehend von der Überlegung, dass die Entstehung von Jugendgewalt bzw. Jugendkriminalität ein gesamtgesellschaftliches Problem darstellt, [...], bedarf es *weitreichender Strategien* auf unterschiedlichen politischen Ebenen." (Knapp 2009, S. 206). Was auf Ebene der Jugendwohlfahrt unter anderem bedeutet, „sich an Prinzipien ‚präventiver' Maßnahmen, ‚dezentraler und regionaler' sozialpädagogischer Arbeit" zu orientieren und „die Zusammenarbeit und den Erfahrungsaustausch mit anderen Institutionen und Organisationen (z.B. Schulen, Justiz, Polizei)" zu pflegen (vgl. ebd., S. 213).

„Jugendgewalt" als „soziales Problem" verstanden, scheint also die Möglichkeit zu bergen, umfassende, meist „präventive", Maßnahmen hervorzubringen. Doch was könnten mögliche Folgen sein, wenn man verdachtsgeleitet Einfluss auf Sozialräume und Rahmenbedingungen nehmen will? Wie weit und bis wohin reicht eine „weitreichende Strategie"? Wo ist die Grenze (zum privaten Bereich)? Was passiert mit den Jugendlichen, die Sozialarbeiter/innen bei der Ausführung „präventiver" Tätigkeiten als „gewalttätig" auffallen? Wozu soll und kann ein Informationsaustausch zwischen sozialer Arbeit, Schulen, Justiz und Polizei genutzt werden? Es erscheint lohnend diese Fragen zu stellen, auch wenn sie im Rahmen der vorliegenden Studie nicht beantwortet werden können.

Der Trend des Entwerfens von Präventionsprogrammen gegen „Jugendgewalt", die auf gesellschaftliche Strukturen, Lebensräume und sozialpolitische Verwaltung abzielen, lässt in Referenz auf Stanley Cohens (1985) Überlegungen zu Systemen sozialer Kontrolle (Kap. 4.2) vermuten, dass es sich dabei um ein Auswerfen des metaphorischen Fischernetzes in die seichteren Gewässer handelt – zumindest Autratas Konzept gilt ausdrücklich nicht dem „harten Kern"[70], dieser wird aber mitkonstruiert: „Die Auseinandersetzung mit Partizipation betrifft so nicht (mehr) vorwiegend absturzbedrohte Menschen am gesellschaftlichen Rand." (Autrata 2009, S. 255).

[70] Siehe hierzu Cremer-Schäfer 1997.

Der Trend erinnert an eine Zukunftsvision, die Cohen schon 1985, quasi aus einer Makro-Perspektive, zur Zukunft sozialer Kontrolle abgab:

> „(1) there is the enterprise of inner space: [...]. (2) Then there is the enterprise of social space. There will be an extension of those types of inclusionary work [...]: dispersed, invisible, integrative, and relatively non-stigmatizing. Schools, families, neighborhoods, youth organizations and work-places will increasingly be exploited as sites for this type of control. More importantly, this sort of enterprise will become diagnostic, predictive and preventive. Urban environments and situations will become sites of behaviour control." (Cohen 1985, S. 232)

Auch bedenkt Cohen die Klassifizierung von Personen, die noch präventiv zu behandeln sind (z.B. Jugendliche generell) und denen, die auf einer „höheren Stufe" (siehe Kap. 4.2) behandelt werden (z.B. „jugendliche Gewalttäter") – oder um es „sozialräumlich" auszudrücken, die Unterscheidung zwischen „Mitte" und „Rand" der Gesellschaft (vgl. Autrata 2009, S. 255f):

> „For one thing, it is virtually impossible even to visualize a society in which the invasion of subjective space and the preventive surveillance of social space can be so total and successful as to prevent all deviance. At their purest, these forms of inclusion work because they are voluntary or simply because they are not recognized as to be social control. But they require a back-up sanction: if you do not take the initiative yourself or if we do not spot you in advance, this is what might happen to you." (Cohen 1985, S. 232f)

Wie es sich in den Kontexten von Sozialpolitik, Jugendwohlfahrt und sozialer Arbeit erwarten lässt, wird die „Kontrollform" angestrebt, die Cohen als „therapeutischen Stil" beschreibt und die wohlwollende Intention signalisiert, mit Hilfe von finanziellen Ressourcen und Expertenwissen „präventiv" zu helfen, zu organisieren, zu koordinieren, zu strukturieren, anzuleiten, zu korrigieren etc. Helga Cremer-Schäfer beschreibt eine solche Haltung speziell in Bezug auf (pädagogische) Kriminalprävention auch als „Pessimismus als reformerische Triebkraft" (vgl. Cremer-Schäfer 1997, S. 318-322). All die mehr oder weniger wohlwollenden Aktivitäten beruhen jedoch auf Darstellungen der Gefährlichkeit von „Jugendgewalt" bzw. Jugendlichen und zehren somit von Moralpaniken.[71] Dabei werden Variationen von Gewalt-Etiketten hervorgebracht, derer sich bedient werden kann, um Jugendlichen (besonders „armen", nicht-deutschen, mit Hauptschulabschluss etc.) Defizite zuzuschreiben - auch

[71] Siehe zu „Jugendgewalt" bzw. „Jugendkriminalität" und Moralpaniken: Cohen; Cremer-Schäfer 2010; Stehr 2009.

in nicht-pädagogischen oder -therapeutischen Kontexten, denn das produzierte „Wissen“ ist ja der Öffentlichkeit zugänglich. Man kann jedoch, wie es in der vorliegenden Studie zum Teil versucht wurde, einen pessimistischen Blick reflexiv (zurück) auf das Expertenwissen zu „Jugendgewalt“ und „Prävention“ richten und – z.B. anhand der Theorie von Stanley Cohen – „Visionen“ zur Ermöglichung einer Ausweitung sozialer Kontrolle durch ein präventives Eindringen in öffentliche und private Bereiche sozialen Lebens entwerfen oder „worst-case“-Szenarien dazu entwickeln, was schlimmstenfalls Jugendlichen zugemutet werden könnte , die als Gewalttäter etikettiert werden. Das ist allerdings als ein Nachdenken über mögliche Folgen und nicht als Prognose gemeint.

Literaturverzeichnis

Altun, Erkan et al. (2006): „Die Praxis in einer Beratungsstelle für Jungen, die Gewalt erleben." In: Deutsche Jugend. Zeitschrift für die Jugendarbeit. Schwerpunkt: Jugendgewalt. 57. Jahrgang. Heft 6. Juni 2006.

Anhorn, Roland/ Bettinger, Frank (Hg.) (2002): Kritische Kriminologie und Soziale Arbeit. Impulse für professionelles Selbstverständnis und kritisch-reflexive Handlungskompetenz. Juventa Verlag. München.

Anhorn, Roland/ Bettinger, Frank/ Stehr, Johannes (2008): Sozialer Ausschluss und Soziale Arbeit. Positionsbestimmungen einer kritischen Theorie und Praxis Sozialer Arbeit. 2. überarbeitete und erweiterte Auflage, VS Verlag. Wiesbaden.

Anhorn, Roland (2010): Von der Gefährlichkeit zum Risiko – Zur Genealogie der Lebensphase „Jugend" als soziales Problem. In: Dollinger, Bernd/ Schmidt-Semisch, Henning (Hg.) (2010): Handbuch Jugendkriminalität. VS Verlag. Wiesbaden.

Autrata, Otger (2009): Prävention und Jugendgewalt. In: Autrata, Otger/ Scheu, Bringfriede (Hg.) (2009): Jugendgewalt. Interdisziplinäre Sichtweisen. VS Verlag. Wiesbaden.

Autrata, Otger/ Scheu, Bringfriede (Hg.) (2009): Jugendgewalt. Interdisziplinäre Sichtweisen. VS Verlag. Wiesbaden.

Babo, Markus (2007): Jugenddelinquenz und die Chance der Moralerziehung. In: Zeitschrift für Sozialpädagogik. 5. Jg./ Heft 2.

Barz, Heiner (Hg.) (2000): Pädagogische Dramatisierungsgewinne. Jugendgewalt. Analphabetismus. Sektengefahr. Johann Wolfgang Goethe-Universität. Frankfurt am Main.

Becker, Howard S. (1973): Außenseiter. Zur Soziologie abweichenden Verhaltens. S. Fischer Verlag. Frankfurt am Main.

Bettinger, Frank/ Mansfeld, Cornelia, Jansen, Mechtild M. (Hg.) (2002): Gefährdete Jugendliche? Jugend, Kriminalität und der Ruf nach Strafe. Leske + Budrich. Opladen.

Brüchert, Oliver (2008): Der wissenschaftlich-mediale Verstärkerkreislauf. In: Klimke, Daniela (Hg.) (2008): Exklusion in der Marktgesellschaft. VS Verlag. Wiesbaden.

Brüchert, Oliver (2009): Punitivität ohne Zuschreibung? In: Kriminologisches Journal 2009. 41. Jg./ Heft 3.

Buck, Rainer (2009): Sozialpolitik und Jugendgewalt. Ursachen und Handlungsmöglichkeiten. In: Autrata, Otger/ Scheu, Bringfriede (Hg.) (2009): Jugendgewalt. Interdisziplinäre Sichtweisen. VS Verlag. Wiesbaden.

Bundesministerium für Familie, Senioren, Frauen und Jugend (2002): Elfter Kinder- und Jugendbericht. Bericht über die Lebenssituation junger Menschen und die Leistungen der Kinder- und Jugendhilfe in Deutschland.

Cohen, Stanley (1985): Visions of Social Control. Crime, Punishment and Classification. Polity Press. Oxford.

Cohen, Stanley (1993): Soziale Kontrolle und die Politik der Rekonstruktion. In: Frehsee, Detlef/ Löschper, Gabi/ Schumann, Karl F. (1993): Strafrecht, soziale Kontrolle, soziale Disziplinierung. Westdeutscher Verlag. Opladen.

Cohen, Stanley (2002): Folk Devils and Moral Panics. The Creation of the Mods and Rockers. 3rd Edition, Routledge. New York.

Cremer-Schäfer, Helga/ Stehr, Johannes: Das Moralisieren und das Skandalisieren von Problemen. Anmerkungen zur Geschichte von „Gewalt“ als Dramatisierungskonzept und Verdichtungssymbol. In: Kriminalsoziologische Bibliografie 1990. 17. Jg./ Heft 68.

Cremer-Schäfer, Helga (1993): Die Entdeckung der „Goldmarie” im öffentlichen Moral-Diskurs der 80er Jahre. In: Frehsee, Detlev/ Löschper, Gabi/ Schumann Karl F. (1993): Strafrecht, soziale Kontrolle, soziale Disziplinierung. Westdeutscher Verlag. Opladen.

Cremer-Schäfer, Helga (1993): Normklärung ohne Strafe. Über die gesellschaftlichen Bedingungen der Verzichtbarkeit von Kriminalität und Strafe für das Darstellen herrschender Moral. In: Peters, Helge (1993): Muss Strafe sein? Zur Analyse und Kritik strafrechtlicher Praxis. Westdeutscher Verlag. Opladen.

Cremer-Schäfer, Helga (1997): Konfliktregelung und Prävention. Welche „Prävention“? In: Hassemer, Elke/ Marks, Erich/ Meyer, Klaus (Hg.) (1997): Zehn Jahre Täter-Opfer-Ausgleich und Konfliktschlichtung. Forum Verlag Godesberg. Bonn.

Cremer-Schäfer, Helga (1997a): Ausschließen und Grenzen verwalten. Zur Arbeitsteilung von sozialer Arbeit und Kriminalpolitik. In: Widersprüche. 17. Jg./ Heft 66.

Cremer-Schäfer, Helga (1997b): Kriminalität und soziale Ungleichheit. Über die Funktionen von Ideologie bei der Arbeit der Kategorisierung und Klassifikation von Menschen. In: Frehsee, Detlef/ Löschper, Gabi/ Smaus, Gerlinda (1997): Konstruktion der Wirklichkeit durch Kriminalität und Strafe. Nomos Verlag. Baden-Baden.

Cremer-Schäfer, Helga/ Steinert, Heinz (1998): Straflust und Repression. Zur Kritik der populistischen Kriminologie. Westfälisches Dampfboot. Münster.

Cremer-Schäfer, Helga: Sie klauen, schlagen, rauben. In: Barz, Heiner (Hg.) (2000): Pädagogische Dramatisierungsgewinne. Jugendgewalt. Analphabetismus. Sektengefahr. Johann Wolfgang Goethe-Universität. Frankfurt am Main.

Cremer-Schäfer, Helga (2001): Öffentliche Debatten über die „gefährliche und gefährdete Jugend“. Überlegungen anlässlich eines (vorläufigen) Endes. In: Diskurs 3, Deutsches Jugend Institut.

Cremer-Schäfer, Helga (2001a): Emanzipation, Anpassung und Gewalt. Über den einen oder anderen Vorteil der öffentlichen Bedeutungslosigkeit von jungen Frauen und Nachteile der öffentlichen Aufmerksamkeit für die gefährlichen jungen Männer. In: Rang, Brita/ May, Anja (2001): „Das Geschlecht der Jugend“. Dokumentation der Vorlesungsreihe Adoleszenz: weiblich/männlich? Im WS 1999/ 2000, Frankfurt am Main.

Cremer-Schäfer, Helga (2010): Die Jugendkriminalitätswelle und andere Kriminalisierungsereignisse. In: Dollinger, Bernd/ Schmidt-Semisch, Henning (Hg.) (2010): Handbuch Jugendkriminalität. VS Verlag. Wiesbaden.

Deutsche Jugend. Zeitschrift für die Jugendarbeit. Schwerpunkt: Jugendgewalt. 57. Jahrgang. Heft 6. Juni 2006.

Dollinger, Bernd/ Schmidt-Semisch, Henning (Hg.) (2010): Handbuch Jugendkriminalität. VS Verlag. Wiesbaden.

Dungs, Susanne (2009): Anerkennung und Jugendgewalt. Ethische Suspensionen der ökonomischen Bilanzierung von Anerkennung im Jugendgewaltdiskurs. In: Autrata, Otger/ Scheu, Bringfriede (Hg.) (2009): Jugendgewalt. Interdisziplinäre Sichtweisen. VS Verlag. Wiesbaden.

Feest, Johannes/ Blankenburg, Erhard (1972): Die Definitionsmacht der Polizei. Strategien der Strafverfolgung und soziale Selektion. Bertelmann Universitätsverlag. Düsseldorf.

Findeisen, Hans-Volkmar/ Kersten, Joachim (1999): Der Kick und die Ehre. Vom Sinn jugendlicher Gewalt. Verlag Antje Kunstmann. München.

Foucault, Michel (1976): Überwachen und Strafen. Die Geburt des Gefängnisses. Suhrkamp Verlag. Frankfurt am Main.

Frehsee, Detlef/ Löschper, Gabi/ Schumann Karl F. (1993): Strafrecht, soziale Kontrolle, soziale Disziplinierung. Westdeutscher Verlag. Opladen.

Frehsee, Detlef/ Löschper, Gabi/ Smaus, Gerlinda (Hg.) (1997): Konstruktion der Wirklichkeit durch Kriminalität und Strafe. Nomos Verlag. Baden-Baden.

Frehsee, Detlef (2001): Korrumpierung der Jugendarbeit durch Kriminalprävention? In: Dollinger, Bernd/ Schmidt-Semisch, Henning (Hg.) (2010): Handbuch Jugendkriminalität. VS Verlag. Wiesbaden.

Gewaltkommission (1990) : Ursachen, Prävention und Kontrolle von Gewalt. Analysen und Vorschläge der Unabhängigen Regierungskommission zur Verhinderung und Bekämpfung von Gewalt. Band I Endgutachten und Zwischengutachten der Arbeitsgruppe. Duncker & Humboldt. Berlin.

Goffman, Erving (1967): Stigma. Über Techniken der Bewältigung beschädigter Identität. Suhrkamp Verlag. Frankfurt am Main.

Goffman, Erving (1972): Asyle. Über die soziale Situation psychiatrischer Patienten und anderer Insassen. Suhrkamp Verlag. Frankfurt am Main.

Gollwitzer, Mario u.a. (2007): Gewaltprävention bei Kindern und Jugendlichen. Aktuelle Erkenntnisse aus Forschung und Praxis. Hogrefe Verlag. Göttingen.

Gstettner, Peter (1981): Die Eroberung des Kindes durch die Wissenschaft. Aus der Geschichte der Disziplinierung. Rowohlt Verlag. Reinbek bei Hamburg.

Hafeneger, Benno (1994): Jugend-Gewalt. Zwischen Erziehung, Kontrolle und Repression. Ein historischer Abriß. Westdeutscher Verlag. Opladen.

Hafeneger, Benno (1995): Jugendbilder. Zwischen Hoffnung, Kontrolle, Erziehung und Dialog. Leske + Budrich. Opladen.

Hall, Stuart et al. (1978): Policing the Crisis. Mugging, the State and Law and Order. Macmillan Education. Houndmills, Basingstoke, Hampshire and London.

Hambach, Kristina (2007): Zur Kritik (von Kritik) „Konfrontativer Pädagogik“. Frankfurt am Main, Univ., Fachbereich Erziehungswissenschaften, Diplomarbeit

Hebestreit, Steffen (03.01.2008): „Gegen ‚Kuschelpädagogik'“ In: Frankfurter Rundschau. 64. Jg./ Nr. 2.

Heitmeyer, Wilhelm/ Hagan, John (2002): Internationales Handbuch der Gewaltforschung. Westdeutscher Verlag. Wiesbaden.

Heitmeyer, Wilhelm/ Schröttle, Monika (Hg.) (2006): Gewalt. Beschreibungen – Analysen – Prävention. Bundeszentrale für politische Bildung. Bonn.

Honig, Michael-Sebastian (1986): Verhäuslichte Gewalt. Suhrkamp-Verlag. Frankfurt am Main.

Höllmüller, Hubert (2009): Jugendgewalt aus sozialphilosophischer Perspektive. In: Autrata, Otger/ Scheu, Bringfriede (Hg.) (2009): Jugendgewalt. Interdisziplinäre Sichtweisen. VS Verlag. Wiesbaden.

Huisken, Freerk (1996): Jugendgewalt. Der Kult des Selbstbewußtseins und seine unerwünschten Früchtchen. VSA-Verlag. Hamburg.

Hurrelmann, Klaus (2005): Lebensphase Jugend. Eine Einführung in die sozialwissenschaftliche Jugendforschung. 8. Aufl., Juventa Verlag. München.

Keckeisen, Wolfgang (1974): Die gesellschaftliche Definition abweichenden Verhaltens. Perspektiven und Grenzen des labeling approach. Juventa Verlag. München.

Kilb, Rainer (2005): Weshalb und wozu „Konfrontative Pädagogik“? In: Zeitschrift für Sozialpädagogik. 3. Jg./ Heft 1.

Kilb, Rainer (Hg.)/ Weidner, Jens (2006): Konfrontative Pädagogik. Konfliktbearbeitung in Sozialer Arbeit und Erziehung. 2. überarbeitete und erweiterte Auflage, VS Verlag. Wiesbaden.

Knapp, Gerald (2009): Jugendgewalt und Jugendwohlfahrt in Österreich. In: Autrata, Otger/ Scheu, Bringfriede (Hg.) (2009): Jugendgewalt. Interdisziplinäre Sichtweisen. VS Verlag. Wiesbaden.

Körner, Jürgen (2007): Gewalttätigkeit als soziales Handeln. In: Zeitschrift für Sozialpädagogik. 5. Jg./ Heft 4.

Krölls, Albert (2006): Kritik der Psychologie. Das moderne Opium des Volkes. VSA-Verlag. Hamburg.

Lindner, Werner/ Freund, Thomas (2001): Der Prävention vorbeugen? Zur Reflexion und kritischen Bewertung von Präventionsaktivitäten in der Sozialpädagogoik. In: Freund, Thomas/ Lindner, Werner (Hg.) (2001): Prävention – Zur kritischen Bewertung von Präventionsansätzen in der Jugendarbeit. Westdeutscher Verlag. Opladen.

Löschper, Gabi (1992): Definitionsschwierigkeiten. Oder: Eine Orientierungshilfe der Psychologie in den semantischen Nebelschleiern des Aggressionsbegriffs. In: Kriminologisches Journal 1992.

Mead, George H. (1968): Geist, Identität und Gesellschaft. Suhrkamp Verlag. Frankfurt am Main.

Ostendorf, Heribert (2009): Jugendstrafrecht. Nomos-Lehrbuch. 5. Aufl., Nomos Verlag. Baden-Baden.

Peters, Helge (1993): Muss Strafe sein? Zur Analyse und Kritik strafrechtlicher Praxis. Westdeutscher Verlag. Opladen.

Pfeiffer, Christian u.a.: Junge Migranten als Täter und Opfer von Gewalt In: Pfeiffer, Christian (Hg.) u.a. (2005): Migration und Kriminalität. Nomos Verlag. Baden-Baden.

Reichert, Frank (2009): Straflust in Zeitungsmedien: Gibt es in der Presse eine „Punitivität im weiteren Sinn“? In: Kriminologisches Journal 2009. 41 Jg./ Heft 2.

Rutschky, Katharina (1985): Das Milchmädchen rechnet. Über Pessimismus als pädagogische Triebkraft. In: Baake, Dieter/ Frank, Andrea/ Frese, Jürgen/ Nonne, Friedhelm (1985): Am Ende – postmodern? Next Wave in der Pädagogik. Juventa Verlag. München.

Sack, Fritz (1993): Strafrechtliche Kontrolle und Sozialdisziplinierung. In: Frehsee, Detlef/ Löschper, Gabi/ Schumann Karl F. (1993): Strafrecht, soziale Kontrolle, soziale Disziplinierung. Westdeutscher Verlag. Opladen.

Scheu, Bringfriede (2009): Ursachen von Jugendgewalt. In: Autrata, Otger/ Scheu, Bringfriede (Hg.) (2009): Jugendgewalt. Interdisziplinäre Sichtweisen. VS Verlag. Wiesbaden.

Schulze, Jana (04.01.2008): „Durchboxen fürs Leben“ In: Frankfurter Rundschau. 64. Jg./ Nr.3.

Stehr, Johannes (1997): Die Relevanz der Moral in der alltäglichen Konstruktion der Gefahr. In: Frehsee, Detlef/ Löschper, Gabi/ Smaus, Gerlinda (1997): Konstruktion der Wirklichkeit durch Kriminalität und Strafe. Nomos Verlag. Baden-Baden.

Stehr, Johannes: Welche Funktionen haben staatliches Strafen und der Ruf nach Bestrafung der Jugend? In: Bettinger, Frank/ Mansfeld, Cornelia, Jansen, Mechtild M. (Hg.) (2002): Gefährdete Jugendliche? Jugend, Kriminalität und der Ruf nach Strafe. Leske + Budrich. Opladen.

Stehr, Johannes: Normalität und Abweichung. In: Scherr, Albert (Hg.) (2006): Soziologische Basics. Eine Einführung für Pädagogen und Pädagoginnen. VS Verlag. Wiesbaden.

Stehr, Johannes (2008): Soziale Ausschießung durch Kriminalisierung: Anforderungen an eine kritische Soziale Arbeit. In: Anhorn, Roland/ Bettinger, Frank/ Stehr, Johannes (2008): Sozialer Ausschluss und Soziale Arbeit. Positionsbestimmungen einer kritischen Theorie und Praxis Sozialer Arbeit. 2. überarbeitete und erweiterte Auflage, VS Verlag. Wiesbaden.

Stehr, Johannes (2009): Jugendgewalt – Skandalisierungskonzept und ideologische Kategorie. In: Autrata, Otger/ Scheu, Bringfriede (2009): Jugendgewalt. Interdisziplinäre Sichtweisen. VS Verlag. Wiesbaden.

Steinert, Heinz (Hg.) (1973): Symbolische Interaktion. Arbeiten zu einer reflexiven Soziologie. Ernst Klett Verlag. Stuttgart.

Steinert, Heinz: Etikettierung im Alltag. In: Heigl-Evers, Anneliese (Hg.) (1984): Die Psychologie des 20. Jahrhunderts. Lewin und die Folgen. Bd. 8., Kindler Verlag. Zürich.

Steinert, Heinz (Hg.) (1998): Zur Kritik der empirischen Sozialforschung. Ein Methodengrundkurs. Frankfurt am Main.

Steinert, Heinz (1998a): Reflexivität. Zur Bestimmung des Gegenstandsbereichs der Sozialwissenschaften. In: Steinert, Heinz (Hg.) (1998): Zur Kritik der empirischen Sozialforschung. Ein Methodengrundkurs. Frankfurt am Main.

Steinert, Heinz (1998b): Genau hinsehen, geduldig nachdenken und sich nicht dumm machen lassen. In: Steinert, Heinz (Hg.) (1998): Zur Kritik der empirischen Sozialforschung. Ein Methodengrundkurs. Frankfurt am Main.

Suppan, Bernd (2009): Jugendgewalt aus rechtlicher Sicht. In: Autrata, Otger/ Scheu, Bringfriede (Hg.) (2009): Jugendgewalt. Interdisziplinäre Sichtweisen. VS Verlag. Wiesbaden.

Uslucan, Haci-Halil (2008): „Man muß zu Gewalt greifen, weil man nur so beachtet wird“. Antidemokratische Einstellungen deutscher und türkischer Jugendlicher: Gewaltakzeptanz und autoritäre Haltungen. In: Zeitschrift für Sozialpädagogik. 6. Jg./ Heft 1.

Völker, Wolfgang (1987): Immer lustig und vergnügt. Einwände gegen den präventiven Blick. In: Widersprüche. Prävention und soziale Kontrolle/ Heft 25.

Wambach, Manfred M. (Hg.) (1983): Der Mensch als Risiko. Zur Logik von Prävention und Früherkennung. Suhrkamp Verlag. Frankfurt am Main.

Weidner, Jens (2008): Konfrontative Pädagogik : Konfliktbearbeitung in Sozialer Arbeit und Erziehung. - [Online-Ausg.] - VS Verlag. Wiesbaden. Online-Ausgabe: Berlin [u.a.] : Springer, 2009.

Weyers, Stefan (2005): Moralische und biographische Entwicklung straffälliger Jugendlicher. Perspektiven für die Sozialpädagogik. In: Zeitschrift für Sozialpädagogik. 3. Jg./ Heft 2.

Zirk, Wolfgang (1999): Jugend und Gewalt. Polizei-, Sozialarbeit und Jugendhilfe. Richard Boorberg Verlag. Stuttgart.

Internetquellen

http://www.berlin.de/lb/lkbgg/bfg/index.html

http://www.bmfsfj.de/doku/kjb/data/download/10_Jugendbericht_gesamt.pdf

http://www.dji.de/cgi-bin/projekte/output.php?projekt=479

http://www.kfn.de/home.htm

http://www.spiegel.de/panorama/justiz/0,1518,676325,00.html, 06.02.2010, Datum der Recherche: 27.11.2010

http://www.spiegel.de/spiegel/print/d-67596337.html, 02.11.2009, Datum der Recherche: 27.11.2010

http://www.spiegel.de/panorama/justiz/0,1518,676325,00.html, Datum der Recherche: 27.11.2010

http://www.sueddeutsche.de/muenchen/jugendgewalt-pruegeln-ohne-grenzen-1.37975, 14.09.2009, Datum der Recherche: 27.11.2010

***ibidem*-Verlag**
Melchiorstr. 15
D-70439 Stuttgart
info@ibidem-verlag.de

www.ibidem-verlag.de
www.ibidem.eu
www.edition-noema.de
www.autorenbetreuung.de

Zeitfracht Medien GmbH
Ferdinand-Jühlke-Straße 7
99095 Erfurt, Deutschland
produktsicherheit@kolibri360.de